Oliver Bollow

Geschäftsprozessmanagement im E-Business

Theorie und Praxis

Diplomica® Verlag GmbH

Bollow, Oliver: Geschäftsprozessmanagement im E-Business: Theorie und Praxis,
Hamburg, Diplomica Verlag GmbH 2012

ISBN: 978-3-8428-9053-4
Druck: Diplomica® Verlag GmbH, Hamburg, 2012

Bibliografische Information der Deutschen Nationalbibliothek:
Die Deutsche Nationalbibliothek verzeichnet diese Publikation in der Deutschen
Nationalbibliografie; detaillierte bibliografische Daten sind im Internet über
http://dnb.d-nb.de abrufbar.

Die digitale Ausgabe (eBook-Ausgabe) dieses Titels trägt die ISBN 978-3-8428-4053-9
und kann über den Handel oder den Verlag bezogen werden.

© Diplomica Verlag GmbH
http://www.diplomica-verlag.de, Hamburg 2012
Printed in Germany

Inhaltsverzeichnis

Abbildungsverzeichnis

Tabellenverzeichnis

Abkürzungsverzeichnis

a.a.O.	am angegebenen Ort
AG	Aktiengesellschaft
AGB	Allgemeine Geschäftsbedingungen
AIS	Agent-Information-System
AWS	Agent-Working-System
B2B	Business-to-Business
B2C	Business-to-Consumer
B2G	Business-to-Government
BPR	Business Process Reengineering
bzw.	beziehungsweise
C2B	Consumer-to-Business
C2C	Consumer-to-Consumer
C2G	Consumer-to-Government
ca.	circa
CASE	Computer Aided Software Engineering
CRM	Customer-Relationship-Management
CRS	Computer-Reservierungs-Systeme
d.h.	das heißt
E-...	Elektronisch/ Electronic
E-Business	Electronic Business
eCash	Electronic Cash
ECC Handel	E-Commerce-Center Handel
eCCC	eCommerce Competence Center (TUI interactive GmbH)
E-Commerce	Electronic Commerce
eEPK	erweiterte Ereignisgesteuerte-Prozess-Kette
E-Mail	Electronic Mail
ERP	Enterprise Ressource Planning
etc.	et cetera
ff	fortführend
FPY	First-Pass-Yield
FTP	File Transfer Protocol
G2B	Government-to-Business

G2C	Government-to-Consumer
G2G	Government-to-Government
GmbH	Gesellschaft mit beschränkter Haftung
GPO	Geschäftsprozessoptimierung
HTML	Hypertext Markup Language
IP	Internet Protocol
ISO	International Organisation for Standardization
IT	Informationstechnologie
IuK Technik	Informations- und Kommunikationstechnik
KAIZEN	KAI = Veränderung, Wandel + ZEN = zum Besseren, im positiven Sinn / KAIZEN = kontinuierliche Verbesserung
KVP	Kontinuierlicher-Verbesserungs-Prozess
PMT	Permanentes-Mitarbeiter-Training
SET	Secure Electronic Transaction
TCP/ IP	Transmission Control Protocol/ Internet Protocol
TCT	Total Cycle Time
TT	Termintreue
u.a.	unter anderem
usw.	und so weiter
vgl.	vergleiche
VRP	Virtuelle-Reise-Plattform
vs.	versus
Website	Internetseite
WWW	World-Wide-Web
XML	eXtensible Markup Language
z.B.	zum Beispiel

1. Einleitung

1.1. Problemstellung

Schlagworte wie Kostendruck, Globalisierung und Internationalisierung der Märkte, schnellere technologische Entwicklungen, Komplexitätsdruck etc., weisen auf die stetig steigenden Anforderungen an Unternehmen hin. In dem Spannungsfeld zwischen Kosten, Qualität, Zeit und Kundenzufriedenheit wird es immer schwieriger, effizient und kundennah zu reagieren. Die zunehmende Markttransparenz im E-Business Sektor hat die Zahl der Anbieter und den Wettbewerbsdruck erheblich ansteigen lassen. Um Wettbewerbsvorteile zu erzielen, müssen die Unternehmen schneller als ihre Wettbewerber auf Veränderungen von Märkten, Technologien und Kundenwünschen reagieren. Geschäftsprozessmanagement ist ein geeignetes und bewährtes Managementkonzept, flexibel auf neue Anforderungen zu reagieren und die erforderlichen Anpassungen vorzunehmen.

Dieses Buch soll zunächst, neben der Eingrenzung des relevanten elektronischen Marktes, einen theoretischen Überblick über das facettenreiche Geschäftsprozessmanagement geben, bevor die praktische Umsetzung des Geschäftsprozessmanagements im Business-to-Consumer Bereich (B2C) bei der TUI interactive GmbH und TUI 4U GmbH beschrieben wird. Es wird untersucht, wie das Geschäftsprozessmanagement in die Unternehmensorganisation bei der TUI interactive GmbH eingebettet ist und wie die Aufgaben in den Geschäftsprozessen im Bereich Fulfillment zwischen den beiden Unternehmen verteilt sind. Am Beispiel des Projekts „Digitale Reisebestätigung" wird aufgeschlüsselt, wie Geschäftsprozesse optimiert, implementiert und kontrolliert werden, um effizienter und kundennäher zu agieren. Der Fokus liegt dabei auf der TUI interactive GmbH.

1.2. Gang der Untersuchung

Nach der Einleitung werden in Kapitel 2 die Grundlagen und Begriffe des E-Business mit dem für dieses Buch relevanten B2C Bereich erläutert. Die Informationstechnologie (IT) stellt dabei einen relevanten Stellhebel dar, um zukünftige Herausforderungen in diesem Bereich zu bewerkstelligen. Darauf folgen die Grundlagen und Begriffe des Geschäftsprozessmanagements.

Kapitel 3 beschreibt die theoretische Identifizierung, Gestaltung und Organisation von Geschäftsprozessen. Dazu wird zunächst auf die Vorgehensweisen bei der Identifizierung (IST-Zustand) der Geschäftsprozesse eingegangen, um dann zu zeigen, wie die identifizierten Geschäftsprozesse gestaltet werden sollten (Soll-Zustand). Daran schließt sich die Einteilung der Aufgabenträger in Geschäftsprozessen an, bevor beschrieben wird, wie Geschäftsprozesse in die Unternehmensorganisation eingegliedert werden können.

In Kapitel 4 folgt die Beschreibung des Prozesscontrolling. Es wird aufgezeigt, wie Prozesse geplant, kontrolliert und gesteuert werden. Dabei wird auf die wichtigsten Leistungsparameter: Prozesszeit, Prozesstermine, Prozessqualität, Prozesskosten und Kundenzufriedenheit eingegangen. Die Methoden zur Leistungssteigerung in Geschäftsprozessen beenden dann den theoretischen Teil.

Der praktische Teil beginnt in Kapitel 5 mit der Vorstellung der Unternehmen TUI interactive GmbH und TUI 4U GmbH. Danach wird beschrieben, wie das Geschäftsprozessmanagement in die Unternehmensorganisation der TUI interactive GmbH eingegliedert ist und wie es im Bereich Fulfillment umgesetzt wird.

Eine detaillierte Beschreibung der Umsetzung des Geschäftsprozessmanagements bei der TUI interactive GmbH wird anhand des Projekts „Digitale Reisebestätigung" in Kapitel 6 vorgenommen.

Das Buch schließt mit einer Zusammenfassung der beschriebenen Inhalte und einem kurzen Ausblick in Kapitel 7.

2. Grundlagen und Begriffe

2.1. E-Business

2.1.1. Begriffsabgrenzung

Die vom E-Commerce-Center Handel[1] ins Leben gerufene Expertenkommission mit Vertretern aus Wissenschaft und Praxis legt dem Begriff „E-Business" folgende Definition zugrunde: „Jede Art von wirtschaftlicher Tätigkeit auf der Basis computergestützter Netzwerke (insbesondere des Internets)"[2] wird als E-Business bezeichnet. Neben dem Online-Handel zählen beispielsweise auch das Schreiben geschäftlicher E-Mails, Datenrecherchen und auch die Informationspräsentation auf der eigenen Website dazu.[3]

Zu den Technologien computergestützter Netzwerke gehören u.a. Electronic-Data-Interchange (EDI)[4], sowie die auf dem Internet basierenden Technologien wie TCP/IP, HTML, XML, Dienste wie E-Mail, FTP, Telnet, Newsgroups und das World-Wide-Web (WWW).[5]

2.1.2. Wesentliche Merkmale

Unter der Vielzahl von Merkmalen des E-Business gibt es einige, die in besonderem Maße den Unternehmen neue Möglichkeiten eröffnen und somit auf die Struktur und Politik eines Unternehmens einwirken. Dazu zählen:[6]

> ➢ Der vereinfachte Marktzugang und neue Wege der Marktbearbeitung:
> E-Business erlaubt es, ein Produkt auf einem fast unbeschränkten Markt (Internet), mit einem erheblich niedrigeren Aufwand anzubieten, als es nach der klassischen Methode möglich wäre. Dieser vereinfachte Marktzugang bedarf neuer Wege der Marktbearbeitung, wobei das Ziel sein

---

[1] Im Oktober 1999 wurde das Electronic Commerce Center Handel (*ECC Handel*) ins Leben gerufen. Das *ECC Handel* stellt eine gemeinsame Forschungsinitiative unter der Leitung des Instituts für Handelsforschung an der Universität zu Köln (IfH) dar. U.a. hat die *ECC Handel* die Aufgabe, die Begriffswelt im Internet-Handel zu vereinheitlichen und klar zu strukturieren.
[2] Vgl.: E-Commerce-Center Handel (2001), S. 19
[3] Vgl.: Hudetz, Kai (2002), S. 219
[4] Unter *EDI* (Electronic Data Interchange) wird die Übertragung von Geschäftsdokumenten in einem standardisierten, vereinbarten Dateiformat verstanden. Dabei kommunizieren die EDV-Systeme zweier Geschäftspartner direkt miteinander. Vgl. Mattes, Frank (1999), S. 95 ff
[5] Vgl. Bogaschewsky, Ronald (1999), S. 14
[6] Vgl.: Dinger, Hans (2001), S. 32

muss, dem möglichen Kunden alle relevanten Produktinformationen 24 Stunden am Tag an 365 Tagen im Jahr[7] so zur Verfügung zu stellen, dass die Entscheidung für ein Produkt, möglichst ohne Rückfragen, von den Kunden getroffen werden kann.

➢ Die veränderte Bearbeitung von Geschäftsvorgängen:
Die heutige Art der Abwicklung des Kundengeschäftes birgt beachtliches Rationalisierungspotential. Durch die Einführung neuer Systeme (Hard- und Software), zur Abwicklung von Geschäftsvorgängen, ließe sich viel von dem Rationalisierungspotential umsetzen und so eine effektivere und effizientere Gesamtabwicklung von Geschäftvorgängen erreichen.

➢ Die Suche nach Problemlösungen:
E-Business gibt in einem wirklich revolutionärem Maß Raum für die „Suche nach Problemlösungen". Die heutige Informationstechnik stellt den Markt vornehmlich als Angebotsmarkt dar, welche nach den Verkaufs- zahlen der angebotenen Produkte beurteilt wird. Der Markt wird aber nicht beurteilt nach dem *Gewünschten oder gar Möglichen*. Die Suche nach Problemlösungen ist folglich heute eher eine Suche nach dem An- gebotenen und bisher nur selten nach dem Möglichen. E-Business wird diese Suche nach Problemlösungen erheblich ausweiten, wodurch sich im Markt eine neue Dimension entwickelt – vom „Markt des Vorhande- nen" zum „Markt des Möglichen".[8]

2.1.3. Die Märkte

Um die heutigen Märkte bzw. elektronischen Märkte im E-Business definieren zu können, ist es zunächst wichtig, die eigentlichen Akteure herauszukristallisie- ren. Als Akteure des E-Business werden allgemein drei Gruppen unterschieden, die Geschäfte miteinander abwickeln können:

---

[7] Vgl.: Schinzer, Heiko (2002), S. 18
[8] Vgl.: Dinger, Hans (2001), S. 33

> Konsumenten (Consumer)

> Unternehmen (Business)

> Öffentliche Institutionen (Government)

Aus diesen Akteuren lassen sich nun die einzelnen Märkte ableiten, die in folgender Matrix, nach *Anbieter der Leistung* und *Nachfrager der Leistung* kategorisiert, aufgezeigt werden[9]:

Nachfrager der Leistung

		Consumer	Business	Government
Anbieter der Leistung	**Consumer**	Consumer-to-Consumer (C2C) z.B. Internetkleinanzeigen-markt	Consumer-to-Business (C2B) z.B. Jobbörsen mit Anzeigen von Arbeitssuchenden	Consumer-to-Government (C2G) z.B. Steuerabwicklung von Privatpersonen (Einkommenssteuer etc.)
	Business	Business-to-Consumer (B2C) z.B. Privatperson bucht online eine Reise im Produktkatalog eines Reiseveranstalters	Business-to-Business (B2B) z.B. Online-Bestellung eines Unternehmens bei einem Zulieferer	Business-to-Government (B2G) z.B. Steuerabwicklung von Unternehmen (Umsatzsteuer etc.)
	Government	Government-to-Consumer (G2C) z.B. Abwicklung von Unterstützungsleistungen (Arbeitslosenhilfe etc.)	Government-to-Business (G2B) z.B. Beschaffungsmaß-nahmen öffentlicher Institutionen im Internet	Government-to-Government (G2G) z.B. Transaktionen zwischen öffentlichen Institutionen im In- und Ausland

Tabelle 1: Märkte im E-Business. Quelle: In Anlehnung an Hermanns, Arnold/ Sauter, Michael (1999), S. 23

In dieser Arbeit liegt der Fokus auf dem grau unterlegten Bereich der Tabelle 1, dem B2C Bereich, da die im Praxisteil beschriebene Firma, die TUI interactive GmbH auf diesem Markt tätig ist.

---

[9] Vgl.: Hermanns, Arnold/ Sauter, Michael (1999), S. 22

B2C bezeichnet den Handel mit dem Endverbraucher – der Vertrieb und die Vermarktung von Gütern und Dienstleistungen an Individuen. Privatleute bestellen direkt über das Internet beim Unternehmen und bezahlen per Nachname, Vorkasse, Lastschrift, Rechnung, Kreditkarte[10] oder über Electronic-Payment-Systeme.[11]

2.1.4. Die IT als Business-Enabler

Um auf den zuvor beschriebenen elektronischen Märkten tätig werden zu können, bedarf es einer entsprechenden Informationstechnologie (IT), die ein adäquates Auftreten auf den elektronischen Märkten möglich macht.

Die IT war in ihrer Geburtsstunde eher Mittel zur Rationalisierung, später Instrument zur Strategieunterstützung und hat heute die Funktion eines Business-Enablers.[12] Mitunter ist der richtige Einsatz der IT zum entscheidenden Erfolgsfaktor für Unternehmen geworden. Den Wettbewerb entscheidet heute vermehrt die Effektivität der Geschäftsprozesse: Leistungserstellung, Leistungserbringung bzw. Leistungsvermarktung. Da Produkte zunehmend austauschbar und substituierbar sind, sind diese immer weniger erfolgsentscheidend. Daher wird es für Unternehmen immer schwieriger, sich allein über ihre Produkte oder Dienstleistungen zu differenzieren.

Die Effektivität der IT, d.h., wofür die IT eingesetzt wird, stellt den eigentlichen Stellhebel für den Unternehmenserfolg dar. Im Mittelpunkt dabei steht die Ausrichtung auf den Kunden. Neben den eigentlichen Produkten und Dienstleistungen sollten zusätzliche Serviceleistungen angeboten werden, um sich zukünftig von Wettbewerbern zu differenzieren und somit auch zum Unternehmenserfolg beitragen. Die IT kann hier z.B. unter zu Hilfenahme der Internet-Technologie solche Serviceleistungen spontan auf Anforderung des Kunden erbringen.[13] Die Geschäftsprozesse von Unternehmen können so effizienter gestaltet werden, wie beispielsweise durch die preiswerte, weltweite, multime-

---

[10] Vgl.: Schneider, Dirk/ Schnetkamp, Gerd (2000), S. 19
[11] *Electronic-Payment-Systeme* wie z.B.: First Virtual, Cybercash, SET, eCash, NetCash, MilliCent, VisaCash und weitere. Entnommen aus: Peters, Ralf (2002), 4. Vorlesung, Folie 8
[12] Vgl.: Brandstetter, Clemens/ Fries, Marc (2002), S. 11
[13] Vgl.: Brandstetter, Clemens/ Fries, Marc (2002), S. 12

diale Produktpräsentation im Internet, die Einführung elektronischer Bestellformulare, Verbesserung des Kundenservices durch online Verfügbarkeit von Bedienungsanleitungen als FTP Dateien oder in Form von HTML Dokumenten, Gründung eines virtuellen Unternehmens usw.[14]

2.1.5. Zukunftsorientierte Herausforderungen für Unternehmen

Wie im vorherigen Kapitel beschrieben, werden Produkte und Dienstleistungen immer ähnlicher und damit austauschbar. Die Abhängigkeit der Kunden und deren Bindung an Unternehmen hat sich damit deutlich verringert. Daher erscheint eine stärkere Ausrichtung an den Bedürfnissen des Kunden als dringend geboten.[15]

Der Verkauf darf sich beispielsweise nicht nur auf den Vertragsabschluss beschränken, sondern der gesamte Kundenprozess sollte betrachtet werden. Die Unternehmen müssen ihre Organisation, ihre Prozesse und IT so ausrichten, dass der Kunde über seinen gesamten Lebenszyklus optimal betreut wird. Nicht mehr nur die Produkte entscheiden, sondern die Prozesse und Prozesskompetenz der Unternehmen. Die Leistungsfähigkeit der IT eines Unternehmens, als Abbild der Organisation und Prozesse, wird zunehmend zu einem zentralen Erfolgsfaktor.[16]

Die Kundenorientierung eines Unternehmens im E-Business lässt sich anhand der folgenden vier Hauptelemente verdeutlichen:

> ➢ Der Kunde muss im Mittelpunkt des Unternehmens stehen bezüglich Produkte und Dienstleistungen.
> ➢ Geschäftskunde, Endkunde und Geschäftspartner müssen es leicht haben, Geschäfte mit dem Unternehmen zu tätigen.
> ➢ Die Geschäftsprozesse des Unternehmens sind auf den Kunden auszurichten, d.h. aus Kundensicht sind die Prozesse anzupassen und zu optimieren.

---

[14] Vgl.: Wiethoff, Hans (1997), S. 172
[15] Vgl.: Steimer, Fritz (2000), S. 57
[16] Vgl.: Brandstetter, Clemens/ Fries, Marc (2002), S. 6

21

➤ Kundenbindungspflege und Customer-Relationship-Management (CRM) sind die zentralen Schlüsselfaktoren für die Rentabilität des Unternehmens.[17]

Letztendlich geht es darum, die Qualität von Prozessen, Produkten und Dienstleistungen im Sinne der Kundenorientierung zu steigern, die Prozesse zu beschleunigen und Kosten zu reduzieren.[18]

2.2. Geschäftsprozessmanagement

Eine Möglichkeit den zukünftigen Herausforderungen für Unternehmen im E-Business gerecht zu werden, ist u.a. die Anwendung eines Managementkonzeptes, des Geschäftsprozessmanagements.[19]

2.2.1. Begriffsabgrenzung

„Unter Geschäftsprozessmanagement wird ein integriertes Konzept von Führung, Organisation und Controlling verstanden, das eine zielgerichtete Steuerung der Geschäftsprozesse ermöglicht und das gesamte Unternehmen auf die Erfüllung der Bedürfnisse der Kunden und anderer Interessengruppen ausrichtet. Geschäftsprozesse bestehen aus der funktionsüberschreitenden Verkettung wertschöpfender Aktivitäten, die spezifische, von Kunden erwartete Leistungen erzeugen und deren Ergebnisse strategische Bedeutung für das Unternehmen haben".[20]

„Die hauptsächliche Aufgabe dabei liegt darin, Geschäftsprozesse ganzheitlich dahin gehend zu überprüfen, ob sie notwendig sind, wie sie effizient abgewickelt werden können und wie die Aufbauorganisation des Unternehmens auf sie ausgerichtet werden kann."[21]

Wirkungsvolles Geschäftsprozessmanagement beschäftigt sich demnach mit der Gestaltung und Lenkung der zentralen Unternehmensprozesse zur nachhal-

---

[17] Vgl.: Brandstetter, Clemens/ Fries, Marc (2002), S. 8
[18] Vgl.: Renner, Thomas/ Lebender, Markus/ Klett, Holger (2003), S. 8
[19] Vgl.: Huber, Heinrich/ Thomann, Frank (2000), S. 111
[20] Vgl.: Schmelzer, Hermann J./ Sesselmann Wolfgang (2003), S. 5
[21] Vgl.: Scheer, August/ Zimmermann, Volker (1996), S. 267

tigen Prozessverbesserung in den Dimensionen „Qualität", „Zeit" und „Kosten".[22]

2.2.2. Unterschiede zwischen Geschäftsprozessen und Prozessen

Ein Prozess besteht aus einer Aneinanderreihung von Aktivitäten, die aus einem definierten Input ein definiertes Output (Arbeitserzeugnis) in einer bestimmten Zeitspanne erzeugen.[23] In Unternehmen laufen tausende von einzelnen Prozessen ab. Viele dieser Prozesse sind an der Erstellung von Leistungen für den externen Kunden beteiligt. Der Prozessbegriff sagt allerdings noch nichts über Inhalt, Reichweite, Begrenzung, Struktur, Verantwortliche und Empfänger der Ergebnisse eines Prozesses aus.

Im Rahmen der Geschäftsprozesse kommt es darauf an, Prozesse so miteinander zu verbinden und aufeinander abzustimmen, dass das Ergebnis der Prozesskette die Anforderungen, Wünsche und Erwartungen des externen Kunden erfüllt. Ein Geschäftsprozess besteht also nicht nur aus einer Aneinanderreihung von Aktivitäten mit definiertem Input und Output, sondern setzt sich strukturiert aus den folgenden Komponenten zusammen:

➢ Anforderungen des Kunden
➢ Inputs
➢ Leistungserstellung (Wertschöpfung)
➢ Outputs (Ergebnisse)
➢ Geschäftsprozessverantwortlicher
➢ Ziel- und Messgrößen zur Steuerung des Geschäftsprozesses.

Charakterisierend darin ist, dass ein Geschäftsprozess beim Kunden beginnt und endet.[24]

---

[22] Vgl.: Huber, Heinrich/ Poestges Axel (1997), S. 78
[23] Vgl.: Wildemann, Horst (1997), S. 18
[24] Vgl.: Schmelzer, Hermann J./ Sesselmann Wolfgang (2003), S. 39 ff

2.2.3. Wesentliche Merkmale

Die wichtigsten Ziele des Geschäftsprozessmanagements sind die Steigerung der Kundenzufriedenheit und die Erhöhung der Produktivität.[25] In diesem Rahmen kann das Geschäftsprozessmanagement durch folgende Merkmale charakterisiert werden:

> Kundenorientierung: Die Gestaltung und Steuerung der Geschäftspro-zesse werden auf die Befriedigung der Kundenwünsche und damit auf die Kundennutzen-Optimierung, sowie auf die Anforderungen weiterer In-teressengruppen (Angestellte, Lieferanten etc.) ausgerichtet.[26]

> Wertschöpfungsorientierung: Wertschöpfende Aktivitäten stehen bei den Geschäftsprozessen im Vordergrund, unwirtschaftliche Prozesse werden eliminiert.[27]

> Kompetenzorientierung: Der systematische Auf- und Ausbau von Kern-kompetenzen wird durch die Geschäftprozesse unterstützt, um die lang-fristige Sicherstellung von Liquidität und Rentabilität zu gewährleisten.[28]

> Leistungsorientierung: Kontinuierliche Steigerung der Effektivität (das Richtige tun) und Effizienz (etwas richtig tun) der Geschäftsprozesse und folglich der Unternehmung.[29]

> Mitarbeiterorientierung: Die Realisierung des Geschäftsprozess-managements „steht und fällt" mit den Mitarbeitern; daher müssen diese vom Management motiviert und ertüchtigt werden, eigenständig Ge-schäftsprozesse zu optimieren.[30]

2.2.4. Kundenorientierung als Leitlinie

Das oberste Ziel eines Unternehmens sollte es sein, Kundennutzen zu schaf-fen, Kundenprobleme zu lösen und die Kunden zufrieden zu stellen. Im Vorwort

---

[25] Vgl.: Freidinger, Robert (2002), S. 5
[26] Vgl.: Sommerlatte, Tom (1996), S. 60 ff
[27] Vgl.: Freidinger, Robert (2002), S. 6
[28] Vgl.: NorCom AG (2003), S. 6
[29] Vgl.: Töpfer, Armin (1996), S. 33
[30] Vgl.: Kreuz, Werner (1996), S. 103

des Geschäftsberichts der Siemens AG (2001) wird diese Kundenorientierung vortrefflich wie folgt beschrieben:

„Wir wollen die Erwartungen unserer Kunden möglichst noch übertreffen, indem wir unsere Geschäftsprozesse ständig optimieren. ... Übergeordnetes Ziel ist der größtmögliche Nutzen für den Kunden. Jeder Kunde, den wir erfolgreicher machen, stärkt auch unsere eigene Position als weltweit führendes Unternehmen der Elektrotechnik und Elektronik."[31]

In diesem Sinne stellen Geschäftsprozesse den Kunden, welche sowohl externe als auch interne Kunden (z.B. unterschiedliche Abteilungen eines Unternehmens) sein können und die Kundenbeziehungen in den Mittelpunkt; das Denken und Handeln des gesamten Unternehmens wird auf den Kunden ausgerichtet. Je effizienter die Geschäftsprozesse die Kundenanforderungen und Kundenerwartungen erfüllen, desto zufriedener sind die Kunden und umso erfolgreicher ist das Unternehmen.[32]

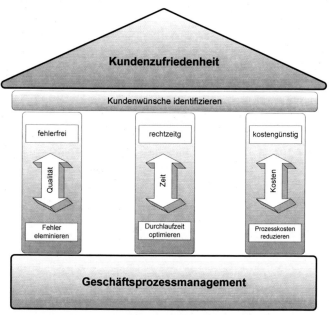

Abbildung 1: Dach und Säulen des Geschäftsprozessmanagements. In Anlehnung an: Gaitanides, Michael/ Rainer, Scholz/ Vrohlings, Alwin (1994), S. 16

---

[31] Vgl.: Siemens AG (2001), S. 5
[32] Vgl.: Schmelzer, Hermann J./ Sesselmann Wolfgang (2003), S. 42

2.2.5. Funktionsorganisation vs. Prozessorganisation

Charakteristisch für eine Funktionsorganisation ist die vertikale Einteilung bzw. Unterteilung nach Funktionen, wie z.B. Fertigung, Entwicklung und Vertrieb. Das problembehaftete Wirken der verschiedenen Funktionen wird deutlich (siehe Abbildung 2) an den Fragen: Wer ist für den Kunden verantwortlich? Wer ist für welchen Prozessschritt verantwortlich? Wer koordiniert die Abfolge der Prozessschritte usw.[33]

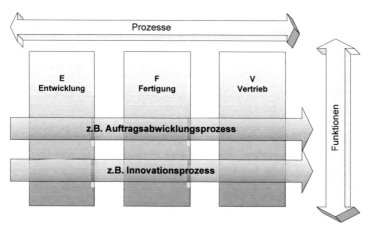

Abbildung 2: Funktions- versus Prozessorientierung. In Anlehnung an Picot, Arnold (2002), S.14

Jede dieser Funktionen ist auf eine bestimmte Tätigkeit spezialisiert und bearbeitet nur Teile der Kundenleistung. Hier bildet die Verrichtung, nicht aber der Kunde, den zentralen Orientierungspunkt. Das primäre Ziel, den Kunden zufrieden zustellen, rückt dabei in den Hintergrund.

Organisationen, die auf Geschäftsprozessen aufbauen, orientieren sich nach außen und nicht wie Funktionen nach innen. Der Hauptfokus liegt auf Erfüllung von Kundenbedürfnissen. Die Bedürfnisse, Anforderungen und Erwartungen der externen Kunden bestimmen dabei, welche Leistungen in den Geschäftsprozessen erzeugt werden. Die Aktivitäten werden dabei auf die Leistungen konzentriert, die für Kunden einen Wert haben und von ihnen gekauft werden.[34]

---

[33] Vgl.: Freidinger, Robert (2002), S. 37
[34] Vgl.: Schmelzer, Hermann J./ Sesselmann Wolfgang (2003), S. 46 ff

Funktions- und prozessorientierte Organisationsstrukturen stellen keine sich ausschließenden Organisationskonzepte dar. Im Gegenteil, neue informations- und kommunikationstechnische Entwicklungen erlauben Mischformen, die die Vorteile der Kundennähe und effizienten Abwicklung prozessorientierter Organisationsformen mit den Vorteilen der Spezialisierung funktionsorientierter Organisationsformen verknüpfen.[35]

So steht auch bei der Beibehaltung der funktionalen Aufbauorganisation die Prozessorientierung nicht auf verlorenem Posten. Beispielsweise lassen sich, im Rahmen von Abteilungs- und funktionsübergreifenden Projektgruppen, ganze Geschäftsprozesse planen, reorganisieren und optimieren - für eine schlagkräftigere und wirtschaftlichere Organisation.[36]

2.2.6. Primäre und sekundäre Geschäftsprozesse

Einige Geschäftsprozesse erzeugen Leistungen für externe Kunden, andere hingegen haben unterstützenden Charakter. Somit ergibt sich ein unterschiedlicher Einfluss auf den Kundennutzen und Unternehmenserfolg der einzelnen Geschäftsprozesse. Es gibt eine Reihe von unterschiedlichen Einteilungen von Geschäftsprozessen, die hier nicht näher behandelt werden sollen.

H.J. Schmelzer und W. Sesselmann haben in ihrer Literatur die Geschäftsprozesse anschaulich in zwei Typen unterteilt. Die Aufteilung erfolgt dort in primäre und sekundäre Geschäftsprozesse. In den primären Geschäftsprozessen findet die originäre Wertschöpfung statt, d.h. die unmittelbare Erstellung und Vermarktung von Produkten und Dienstleistungen für externe Kunden, wie z.B. der Innovationsprozess, Produktplanungsprozess, Produktentwicklungsprozess, Vertriebsprozess, Auftragsabwicklungsprozess, Serviceprozess etc.

Für einen effizienten Ablauf benötigen die primären Geschäftsprozesse unterstützende Prozesse in Form von Infrastrukturleistungen, die sekundären Geschäftsprozesse. Dazu zählen z.B. die Beschaffung und Bereitstellung der

---

[35] Vgl.: Picot, Arnold (2002), S. 47
[36] Vgl.: Tiemeyer, Ernst (2000), S. 109

personellen, technischen und finanziellen Ressourcen sowie auch die strategische Planung.

Die Grenzen zwischen primären und sekundären Geschäftsprozessen sind fließend. Ein Geschäftsprozess kann je nach Art und Leistungsangebot des Geschäftes, in dem einen Unternehmen als primärer Geschäftsprozess und in dem anderen Unternehmen als sekundärer Geschäftsprozess gelten. Häufig werden auch sekundäre Geschäftsprozesse den primären Geschäftsprozessen als Teilprozesse zugeordnet.[37]

Die Anzahl der primären Geschäftsprozesse hängt ab von der Größe des Unternehmens bzw. der Unternehmenseinheit, der Anzahl und Art der Kunden sowie der Anzahl und Art der Leistungen. Nachhaltige Verbesserungen der Unternehmensleistungen lassen sich eher erreichen, wenn man die Managementressourcen auf die Modifikation einiger weniger, für die Kernkompetenzen des Unternehmens elementare Geschäftsprozesse konzentriert. Faustregel: höchstens 6 primäre Geschäftsprozesse (nebst ihren dazugehörigen Teilprozessen, Prozess- und Arbeitsschritten und sekundären Prozessen).[38]

2.2.7. Die Rolle der Informations- und Kommunikations (IuK)-Technik im Geschäftsprozessmanagement

Im Geschäftsprozessmanagement stellt die IuK-Technik eine wichtige Komponente zur Gestaltung von Geschäftsprozessen und der Steigerung der Effizienz der Prozessabläufe dar. Im Rahmen der Geschäftsprozessgestaltung wird die IuK-Technik eingesetzt, um Geschäftsprozesse zu optimieren (GPO) oder zu „reengineeren" (BPR).[39]

Es gibt eine ganze Reihe von Werkzeugen für die Optimierung von Geschäftsprozessen, so genannte GPO-Tools. Das Funktionsspektrum der GPO-Tools ist äußerst umfangreich und reicht von der Visualisierung (Mapping), Analyse,

---

[37] Vgl.: Schmelzer, Hermann J./ Sesselmann Wolfgang (2003), S. 51 ff
[38] Vgl.: Gerpott, Torsten/ Wittkemper, Gerd (1996), S. 151
[39] Vgl.: Bielert, Peter (2001), S. 413 ff

Modellierung, Simulation und Steuerung bis hin zur Automatisierung von Geschäftsprozessen.[40]

Die Visualisierung, auch Mapping genannt, ist das Hauptanwendungsfeld der GPO-Tools. Bei der Visualisierung werden die Geschäftsprozesse grafisch abgebildet und bilden im Rahmen eines Gesamtkonzeptes die Grundlage für die Optimierung der Geschäftsprozesse.[41]

Für die Automatisierung von Geschäftsprozessen finden Workflow-Management-Systeme zunehmend Verbreitung in den Unternehmen. Hierbei handelt es sich um Softwaresysteme, die die Prozess- und Arbeitsschritte (Vorgänge) koordinieren und steuern. Diese Systeme stoßen Aktivitäten an, stellen die notwendigen Daten bereit, prüfen Ergebnisse, reichen die entstandenen Ergebnisse weiter und überwachen abwicklungsrelevante Termine. Insbesondere in Routineprozessen, die nach einem festen Muster strukturiert ablaufen, werden Workflow-Management-Systeme eingesetzt. Die Vorteile liegen hier klar auf der Hand: Höhere Prozessqualität, kürzere Prozesszeiten, weniger Medienbrüche und höhere Datenkonsistenz.[42]

---

[40] Vgl.: Tiemeyer, Ernst (2000), S. 99
[41] Vgl.: Tiemeyer, Ernst (2000), S. 103
[42] Vgl.: Scheer, August/ Zimmermann, Volker (1996), S. 282

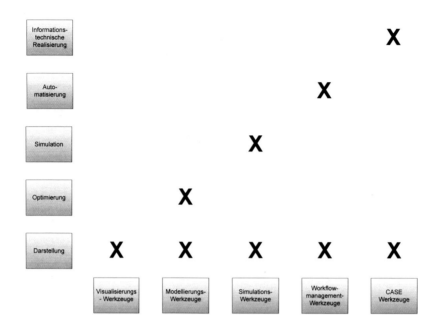

Abbildung 3: Einsatzbereiche von IuK-Werkzeugen im Geschäftprozessmanagement. In Anlehnung an: Schmelzer, Hermann J./ Sesselmann Wolfgang (2003), S. 20

Es gibt verschiedene „Werkzeug-Klassen" mit einer Vielzahl konkreter Werkzeuge. Beispielsweise lassen sich die bekanntesten Tools wie folgt einteilen:[43]

1. Visualisierungswerkzeuge zur grafischen Darstellung von Geschäftsprozessen:

   ➢ Visio (Microsoft)
   ➢ ABC-Flow Charter (Micrografix)
   ➢ SmartDraw Professional (SmartDraw)
   ➢ PowerPoint (Microsoft)

2. Modellierungswerkzeuge:

   ➢ ARIS (IDS Scheer)
   ➢ Bonapart (IntraWare)
   ➢ SYCAT (Binner CIM-House)

---

[43] Vgl.: Bielert, Peter (2002), 4. Vorlesung, S. 2

3. Simulationswerkzeuge:

> PowerSim (PowerSim)
> Process Charter (Scitor)[44]

4. Workflow-Management-Werkzeuge:

> MQ Series (IBM)[45]

5. CASE-Tools[46] (Computer Aided Software Engineering):

> Enterprise Modeller (BaaN)
> FlowMark (IBM)
> Silverrun (Magna Solutions)
> LiveModel (IntelliCorp)

Es lassen sich enorme Effizienzsteigerungen durch E-Business, insbesondere in den Bereichen B2B, B2C sowie durch konsequente Nutzung von Firmen-Intranets, erreichen. In Kapitel 2.1.4 sind einige Beispiele für eine effizientere Gestaltung von Geschäftsprozessen im Rahmen des E-Business aufgeführt.[47]

Die Beschreibung der IuK-Technik für BPR Projekte, wie z.B. Enterprise Ressource Planning (ERP)-Systeme[48], soll in dieser Arbeit vernachlässigt werden.

Die IuK-Technik stellt eine wichtige Komponente im Geschäftsprozessmanagement dar, welche die Prozessgestaltung unterstützen und die Effizienz der Prozessabläufe erhöhen kann. Jedoch hat die IuK-Technik nur instrumentellen Charakter. Als Erstes müssen die Geschäftprozesse aus strategischer und organisatorischer Sicht identifiziert und gestaltet werden, erst dann ist die Frage zu beantworten, welche IuK-Techniken einzusetzen sind.

---

[44] Vgl.: Chrobok, Reiner/ Tiemeyer, Ernst (1996), S. 171
[45] Vgl.: Gronau, Norbert (2003), S. 3
[46] *CASE* = **C**omputer **A**ided **S**oftware **E**ngineering: Die Unterstützung der Software-Entwicklung durch Computer (und Software). Vgl.: Gerstner, Manfred (2003)
[47] Vgl.: Huber, Heinrich/ Thomann, Frank (2000), S. 1 ff
[48] *ERP-Systeme* decken die Planung und Steuerung der gesamten Wertschöpfungskette eines Unternehmens ab. *ERP-Systeme* bestehen aus mehreren Applikationen, die beispielsweise dem Einkauf, der Materialwirtschaft, der Produktionsplanung und Produktionssteuerung, der Lagerverwaltung, der Personalverwaltung, der Qualitätssicherung und dem Finanzmanagement dienen. Vgl.: Osthus (2003)

3. Identifizierung, Gestaltung und Organisation von Geschäftsprozessen

3.1. Identifizierung von Geschäftsprozessen

Die Identifizierung von Geschäftsprozessen steht am Anfang des Geschäftsprozessmanagements. Durch die Prozessidentifikation kristallisiert sich heraus, welche Geschäftsprozesse in einem Unternehmen oder einer Unternehmenseinheit notwendig bzw. vorhanden sind, um Kunden mit den von ihnen erwarteten Leistungen zu versorgen und die Wettbewerbsfähigkeit zu sichern.

3.1.1. Vorgehensweisen

In der Literatur lassen sich zwei grundsätzliche Vorgehensweisen zur Geschäftsprozessidentifikation ausmachen. Zum einen der situative Ansatz mit einer induktiven Prozessidentifikation, der von der Hypothese ausgeht, dass alle Prozesse unternehmensspezifisch sind (jedes Unternehmen hat einzigartige Prozesse, welche sich nicht mit den Prozessen anderer Unternehmen vergleichen lassen).[49]

Demgegenüber steht der eher deduktive Ansatz, der von der Hypothese ausgeht, dass alle Prozesse idealtypisch sind (alle Unternehmen verfügen über die gleichen „Prozesshülsen", die jeweils unternehmens- und branchenspezifisch präzisiert sind).[50]

Nach der induktiven Methode der Prozessidentifikation kann die Identifizierung von Geschäftsprozessen entweder „bottom up" oder „top-down" erfolgen.

„Bottom up" Ansatz

Bei dem „bottom up" Ansatz bilden die Aktivitäten auf der untersten Prozessebene die Ausgangsbasis. Die Untersuchung organisatorischer Problemfelder und Schwachstellen führt zu einer Ausgrenzung relevanter Prozesse.[51]

---

[49] Vgl.: Gaitanides, Michael/ Rainer, Scholz/ Vrohlings, Alwin (1994), S. 6
[50] Vgl.: Sommerlatte, Tom/ Wedeking, E. (1990), S. 24 ff
[51] Vgl.: Gaitanides, Michael/ Rainer, Scholz/ Vrohlings, Alwin (1994), S. 6 ff

Diese werden nach ablauf- und informationstechnischen Gesichtspunkten analysiert und anschließend zu Arbeitsschritten, Prozessschritten, Teil- und Geschäftsprozessen gebündelt.[52] Dieser Ansatz eignet sich hervorragend zur Geschäftsprozessoptimierung; dabei dürfen aber die Geschäftsziele und Kundenbedürfnisse nicht aus den „Augen" verloren werden.

„Top-down" Ansatz

Bei dem „top-down" Ansatz bilden die Kundenerwartungen und Geschäftsziele die Ausgangsbasis. Es werden zunächst die wettbewerbskritischen, die primären Geschäftsprozesse identifiziert. Im Anschluss daran werden die unterstützenden, also sekundären Geschäftsprozesse festgelegt, welche sich an den primären Geschäftsprozessen orientieren. Die auf diese Weise identifizierten Geschäftsprozesse sind „stabil". Im Unterschied zur „bottom up" Vorgehensweise sind diese überschneidungsfrei von anderen Geschäftsprozessen ausgegrenzt und nicht aus aktuellen Problemfällen ermittelt.[53]

Für die Identifizierung der Geschäftsprozesse nach dem „top-down" Ansatz werden im Regelfall folgende Ausgangsdaten benötigt, welche sich aus der allgemeinen Geschäftsstrategie und dem Geschäftsplan ableiten lassen:
> Zielmärkte und Kundengruppen,
> Kundenanforderungen, -bedürfnisse, -wünsche und –erwartungen,
> strategische Erfolgsfaktoren des Geschäftes bzw. der Unternehmung,
> Stärken und Schwächen des Geschäftes bzw. der Unternehmung.[54]

Nach der deduktiven Methode der Prozessidentifikation wird durch zu Hilfenahme von Geschäftprozessmodellen (Referenzmodellen) die Identifikation, Definition und Gestaltung von Geschäftsprozessen durch die Vorgabe idealtypischer Geschäftprozesse erheblich erleichtert.[55] Basis zur Geschäftsprozessidentifikation bilden allgemeine Rahmenprozesse, die sich in unspezifizierter Weise in jedem Unternehmen wieder finden. Diese Rahmenprozesse können

---

[52] Vgl.: Schmelzer, Hermann J./ Sesselmann Wolfgang (2003), S. 76
[53] Vgl.: Gaitanides, Michael/ Rainer, Scholz/ Vrohlings, Alwin (1994), S. 6 ff
[54] Vgl.: Schmelzer, Hermann J./ Sesselmann Wolfgang (2003), S. 76
[55] Vgl.: Chrobok, Reiner/ Tiemeyer, Ernst (1996), S. 166

dann branchengerecht und unternehmensspezifisch weiter differenziert und an die eigenen Bedürfnisse angepasst werden.[56]

Je nach Art des Unternehmens und des dazugehörigen Wettbewerbsumfeldes müssen die Prozesse priorisiert und konkretisiert werden. Zu diesen idealtypischen Prozessen gehören:

➢ Kunden-Optimierungs-Prozess,

➢ Marktkommunikations-Prozess,

➢ Produkt- und Leistungserstellungs-Prozess,

➢ Logistik- und Service-Prozess,

➢ Auftragsabwicklungs-Prozess,

➢ Rentabilitäts- und Liquiditätssicherungs-Prozess,

➢ Kapazitätssicherungs-Prozess,

➢ Strategieplanungs- und Umsetzungs-Prozess,

➢ Personalplanungs- und Motivations-Prozess.[57]

Auch Vergleiche mit den Geschäftsprozessen anderer Unternehmen derselben Branche können zur Identifikation von Geschäftsprozessen nützlich sein, da sich die Geschäftprozesse branchengleicher Unternehmen in der Regel auf den unteren Ebenen, aber weniger auf den oberen Prozessebenen, unterscheiden. Daher können Vergleiche auf Geschäftsprozess- und Teilprozessebene sehr nützlich sein, da sich aus ihnen Gestaltungsalternativen ableiten lassen und zur Überprüfung auf Vollständigkeit und Konsistenz der Geschäftsprozessidentifikation helfen können.

In der Praxis werden häufig Workshops gemeinsam mit dem verantwortlichen Management zur Identifikation der Geschäfts- und Teilprozesse durchgeführt. Häufig genügen dabei ein bis zwei Tage zur Grobidentifikation der Geschäftsprozesse, die folgend von den verantwortlichen Abteilungen detaillierter bis in die Prozess- und Arbeitschritte ausgearbeitet werden.

Sehr nützlich bei Identifikation von Geschäftprozessen sind Visualisierungswerkzeuge (siehe dazu Kapitel 2.2.7) mit denen sich die in der Unternehmung

---

[56] Vgl.: Sommerlatte, Tom/ Wedeking, E. (1990), S. 31
[57] Vgl.: Gaitanides, Michael/ Rainer, Scholz/ Vrohlings, Alwin (1994), S. 8

vorhandenen Geschäftsprozesse vortrefflich visualisieren und später auch optimieren lassen.[58]

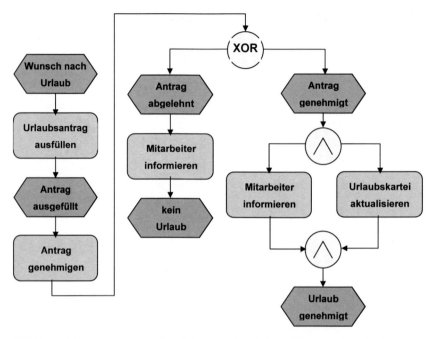

Abbildung 4: Geschäftsprozessvisualisierung anhand einer eEPK (erweiterte Ereignisge-steuerte-Prozess-Kette) mit dem ARIS Toolset der IDS Scheer. Erstellt vom Verfasser im Wintersemester 2002/03, Vorlesung „Computergestützte Geschäftsprozessmodellie-rung", Universität Hamburg.

3.1.2. Ziele

Nachdem die Geschäftsprozesse identifiziert und beschrieben worden sind, müssen Ziele für diese Geschäftprozesse festgelegt werden. Die Ziele bilden die Basis für das Controlling der Geschäftsprozesse. Es wird festgelegt, wie und welche Leistungen erbracht werden sollen, um eine hohe Kundenzufrie-denheit und entsprechende Geschäftsergebnisse zu gewährleisten.[59] Dazu

---

[58] Vgl.: Tiemeyer, Ernst (2000), S. 99
[59] Vgl.: Schmelzer, Hermann J./ Sesselmann Wolfgang (2003), S. 76 ff

muss natürlich die aktuelle Performance gemessen werden, um später einen Vergleich zu den „verbesserten" Prozessen zu haben.[60]

Als Messgrößen lassen sich z.B. die:

> IST-Durchlaufzeiten,
> IST-Mengen,
> IST-Kosten und
> IST-Qualität[61]

für einen betrachteten Arbeitsschritt, Prozessschritt, Teil- oder Geschäftsprozess heranziehen.[62]

3.2. Gestaltung von Geschäftsprozessen

Der erste wichtige Schritt zur Prozessdefinition ist mit der Identifizierung der Geschäftsprozesse, d.h. mit der Ermittlung des IST-Zustandes, getan. Nun gilt es, die ermittelten Geschäftsprozesse, Teilprozesse, Prozess- und Arbeitsschritte zu analysieren (IST-Analyse)[63] und dann zu gestalten bzw. zu optimieren und somit ihren SOLL-Zustand zu definieren. Bei der Gestaltung sind einige Regeln zu beachten:

3.2.1. Gestaltungsregeln

1. Jeder Geschäftsprozess beginnt und endet beim Kunden. Die Anfangs- und Endpunkte von Geschäftsprozessen sind so zu wählen, dass am Anfang die Anforderungen der Kunden und am Ende die Ergebnisse des Leistungsprozesses stehen, die dem Kunden übergeben werden.
2. In jedem Geschäftsprozess wird ein Objekt komplett bearbeitet. Die Bearbeitungsobjekte bilden die Basis für die Messung der Prozessleistung und der Steuerung des Prozesses.
3. Jeder Geschäftsprozess ist in Teilprozesse, Prozess- und Arbeitsschritte zu untergliedern. Die Festlegung einer hierarchischen Prozessstruktur ist notwendig, um den einzelnen Elementen Aufgabenträger und damit klare Ver-

---

[60] Vgl.: Freidinger, Robert (2002), S. 37
[61] Vgl.: Chrobok, Reiner/ Tiemeyer, Ernst (1996), S. 166
[62] Vgl.: Tiemeyer, Ernst (2000), S. 109
[63] Vgl.: Freidinger, Robert (2002), S. 38

antwortung zuordnen zu können, sowie auch die Messung von Leistungsparametern (wie z.B. Prozesskosten) zu ermöglichen.

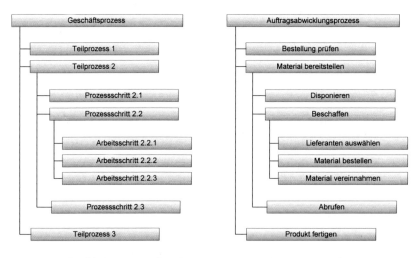

Abbildung 5: Strukturierung von Geschäftsprozessen. In Anlehnung an: Schmelzer, Hermann J./ Sesselmann Wolfgang (2003), S. 20

4. Durch die Analyse von Geschäftsprozessen, Teilprozessen, Prozess- und Arbeitsschritten werden Schwachstellen aufgedeckt und beseitigt.

5. Nicht wertschöpfende Teilprozesse, Prozess- und Arbeitsschritte sind zu eliminieren. Im Zuge von BPR-Projekten werden nicht wertschöpfende Prozessteile bei der Erneuerung von Geschäftsprozessen eliminiert. Bei der Geschäftprozessoptimierung werden diese Prozessteile sukzessive eliminiert.

6. Für jeden Geschäftsprozess ist eine zeit- und ressourcengünstige Ablaufstruktur festzulegen. Die einzelnen Teilprozesse, Prozess- und Arbeitsschritte sind so miteinander zu kombinieren, dass Ressourcenverbrauch und Prozesszeiten minimiert und die Prozessqualität optimiert werden. Insbesondere durch den Wegfall und durch die Parallelisierung von Aktivitäten können Zeit- und Ressourceneinsparungen in Geschäftprozessen erzielt werden.[64]

---

[64] Vgl.: Schmelzer, Hermann J./ Sesselmann Wolfgang (2003), S. 81 ff

7. Jeder Geschäftsprozess und Teilprozess hat einen Verantwortlichen. Die so genannten Prozesseigner sind für die Erreichung der Prozessziele verantwortlich.[65]

8. Mit den Prozessverantwortlichen und den internen und externen Lieferanten sind Leistungsvereinbarungen zu treffen[66]. So können Missverständnisse über die zu erbringenden Leistungen ausgeschlossen und der Koordinationsaufwand verringert werden.

Die Ergebnisse der Prozessgestaltung sollten in Prozessbeschreibungen (für Geschäfts- und Teilprozesse) dokumentiert werden. In der Prozessbeschreibung werden der Prozessname, Anfangs- und Endpunkt des Prozesses, Prozessverantwortlicher, das zu bearbeitende Objekt, die Inputs sowie die Ergebnisse und Messgrößen des Prozesses, im Rahmen eines Kennzahlenkonzeptes,[67] mit den dazugehörigen Adressaten bzw. Kunden ausgewiesen.

Bei der Erarbeitung der Prozess-Ablaufstruktur sind GPO-Tools (siehe dazu Kapitel 2.2.7) von großer Bedeutung. Dabei reicht es im Allgemeinen aus, die Ebenen Geschäftsprozess/ Teilprozess und Teilprozess/ Prozessschritt zu visualisieren. Eine weiter gehende Ablaufstrukturierung ist notwendig bei hoch standardisierten Prozessen, die über Workflow-Management-Systeme gesteuert werden (siehe dazu Kapitel 6.5.2).

3.2.2. Prozessdokumentation

Die Gestaltung bzw. Definition der Geschäftsprozesse wird dann mit der Prozessdokumentation abgeschlossen, wenn alle notwendigen Prozessdokumente erstellt und die damit verbundenen Entscheidungen und Festlegungen getroffen sind. Die Prozessdokumentation sollte nur in dem Umfang erstellt werden, wie sie zur Unterstützung eines effizienten Ablaufs erforderlich ist. Zuviel Dokumentation sollte vermieden werden, da der Aufwand der Erstellung

---

[65] Vgl.: Schuh, Günther (2002), S. 58
[66] Vgl.: Scholz, Rainer/ Vrohlings, Alwin (1994/3), S. 64
[67] Vgl.: Scholz, Rainer/ Vrohlings, Alwin (1994/2), S. 38

und Änderung der Dokumentation größer als der Nutzen sein kann.[68] Wesentliche Aufgabe der Prozessdokumentation ist die Schaffung von Prozess-Struktur-Transparenz, d.h. die Erfassung, Strukturierung und Darstellung von Arbeitsabläufen. Die Visualisierung von Prozessabläufen ist dabei das wichtigste Instrument, um Prozess-Struktur-Transparenz zuschaffen.[69]

Die Prozessdokumentation umfasst alle Dokumente, die im Rahmen der Prozessgestaltung erstellt wurden und dient verschiedenen weiteren Aufgaben:
- ➢ Prozessinterne und prozessexterne Kommunikation,
- ➢ Prozesskoordination und Prozessbewertung,
- ➢ Training der Prozessmitarbeiter,
- ➢ Qualitätsmanagement und ISO (International Organisation for Standardization) – Zertifizierungen,
- ➢ Erkennung von Prozessproblemen und Ableitung von Prozessverbesserungen.

Zu der Dokumentation sollte zum einen eine Prozessübersicht in Form einer „Prozess-Landkarte" und zum anderen die Beschreibungen zu den Geschäfts- und Teilprozessen gehören. Die „Prozess-Landkarte" soll einen Überblick über die Geschäftsprozesse einer Organisation geben. Sie zeigt den Informations- und Leistungsaustausch und die Schnittstellen zwischen den Geschäftsprozessen bzw. Teilprozessen sowie den Kunden an.
In der Beschreibung der Geschäfts- und Teilprozesse werden die wichtigsten Eckdaten (siehe dazu Kapitel 3.2.1) sowie deren Prozessaufbau- und Prozessablaufstruktur dokumentiert.[70]

3.3. Aufgabenträger in Geschäftsprozessen

Die Zuordnung von Geschäfts- und Teilprozessen sowie Prozess- und Arbeitsschritten zu Aufgabenträgern muss noch nicht die Zuweisung an konkrete Stellen in der Aufbauorganisation bedeuten. Als Aufgabenträger können in der Prozessbeschreibung zunächst nur abstrakte „Rollen" formuliert werden. In der

---

[68] Vgl.: Schmelzer, Hermann J./ Sesselmann Wolfgang (2003), S. 96
[69] Vgl.: Scholz, Rainer/ Vrohlings, Alwin (1994/2), S. 38 ff
[70] Vgl.: Schmelzer, Hermann J./ Sesselmann Wolfgang (2003), S. 96 ff

weiteren Gestaltung der Geschäftsprozesse wird dann entschieden, ob die „Rollen" durch Personen oder IuK-Technologie ausgefüllt werden und welchen Stellen und Gremien der Aufbauorganisation die Rollen zugewiesen werden.[71] Für jeden Aufgabenträger sind in einer Rollenbeschreibung die jeweiligen Aufgaben, Verantwortung und Befugnisse zu verankern. In Anlehnung an die Literatur von H.J. Schmelzer und W. Sesselmann können folgende Aufgabenträger in Geschäftsprozessen unterschieden werden:

> Prozessgremien
  - Management-Team
  - Prozess-Team
> Prozessverantwortliche
  - Geschäftsprozessverantwortliche
  - Teilprozessverantwortliche
> Prozessmitarbeiter.[72]

Prozessgremien

Das Management-Team ist Bindeglied zwischen Geschäftsleitung, Funktionen und Geschäftsprozessen und hat dabei die Aufgabe, prozessübergreifende Fragen und Probleme zu lösen. Zum Management-Team gehören die Mitglieder der Geschäftsleitung, die Geschäftsprozessverantwortlichen und/ bzw. die Funktionsverantwortlichen (in Funktionsorganisationen). Dieses Team sollte sich im Turnus von ein bis zwei Wochen regelmäßig treffen.

Übergeordnetes Ziel des Management-Teams ist es, die Effektivität und Effizienz des Geschäftes durch Leistungssteigerungen der Geschäftsprozesse zu erhöhen. Zu den Aufgaben des Management-Teams gehören u.a.:

> das Ableiten der Geschäftsprozessziele aus den Geschäftszielen,
> das Lösen von Konflikten zwischen Geschäftsprozessen und Funktionen,
> das Anpassen von Prozesszielen und Prozessprioritäten bei Änderung prozessinterner oder –externer Planungsprämissen,

---

[71] Vgl.: Unister (2003)
[72] Vgl.: Schmelzer, Hermann J./ Sesselmann Wolfgang (2003), S. 99

41

> das Anpassen der Ressourcen bei Änderung von Zielen und Prioritäten der Geschäftsprozesse

> etc.[73]

Das Prozessteam widmet sich prozessinternen Fragen und Problemen und stellt damit ein wichtiges Beratungs- und Koordinierungsgremium für den Geschäftsprozessverantwortlichen dar. Zum Prozess-Team gehören neben dem Geschäftsprozessverantwortlichen auch die Teilprozessverantwortlichen.

Die Aufgaben des Prozess-Teams beziehen sich konkret auf den zu verantwortenden Geschäftsprozess, dazu zählen u.a.:

> das Gestalten der Prozessstruktur und des Prozessablaufs,

> die Definition und Abstimmung der Mess- und Zielgrößen des Geschäftsprozesses und der Teilprozesse,

> die laufende Verbesserung der Geschäftsprozesse,

> die Prüfung von Prozessleistungen und Zielabweichungen,

> das Anpassen der Zielwerte bei Zieländerungen des Geschäftsprozesses,

> die Dokumentation des Geschäftsprozesses und der dazugehörigen Rollenbeschreibungen

> etc.[74]

Prozessverantwortliche

Die Geschäftsprozessverantwortlichen (Prozesseigner/ Processowner) haben Entscheidungs- und Weisungsbefugnisse[75] und sind für die Gestaltung, Ablauf und Ergebnisse des Geschäftsprozesses sowie für die Erreichung der Prozessziele verantwortlich. Im Rahmen der Leitung des Geschäftsprozesses hat der Geschäftsprozessverantwortliche u.a. folgende Aufgaben:

> Gestaltung des Geschäftsprozesses,

> Definition von Zweck und Aufgabe des Geschäftsprozesses,

---

[73] Vgl.: Schmelzer, Hermann J./ Sesselmann Wolfgang (2003), S. 103
[74] Vgl.: Schmelzer, Hermann J./ Sesselmann Wolfgang (2003), S. 104
[75] Vgl.: Griese (2003)

- Planung der Zielwerte des Geschäftsprozesses,
- Definition und Überprüfung der Messgrößen des Geschäftsprozesses,
- Analyse von Schwachstellen des Geschäftsprozesses,
- Planung und Kontrolle der IuK-Technik im Geschäftprozess,
- Ernennung und Steuerung der Teilprozessverantwortlichen,
- Führung der Prozessmitarbeiter,
- Verantwortung für die Schulung von Teilprozessverantwortlichen und Prozessmitarbeitern[76]
- etc.

Die Teilprozessverantwortlichen haben in Abstimmung mit dem Geschäftsprozessverantwortlichen die Verantwortung für Gestaltung, Ablauf, Ergebnisse und Zielerreichung des Teilprozesses. Die Teilprozessverantwortlichen bilden in der Regel die unterste Führungsebene und haben die Aufgabe, die Prozessmitarbeiter zu führen und zu beraten.[77]

Die Prozessmitarbeiter sind für die Durchführung der Prozess- und Arbeitsschritte verantwortlich.

3.4. Geschäftsprozesse in der Unternehmensorganisation

3.4.1. Formen der Prozessorganisation

Es gibt verschiedene Möglichkeiten, Geschäftsprozesse organisatorisch in die Aufbauorganisation in Unternehmen zu verankern.

In diesem Sinne sind zwischen der reinen Funktionsorganisation und der reinen Prozessorganisation verschiedene Mischformen aus Funktions- und Prozessspezialisierung möglich.[78] In der Literatur lassen sich die drei folgenden Grundstrukturen ausmachen.

.

---

[76] Vgl.: Freidinger, Robert (2002), S. 40
[77] Vgl.: Schmelzer, Hermann J./ Sesselmann Wolfgang (2003), S. 100 ff
[78] Vgl.: Picot, Arnold/ Franck, Egon (1996), S. 31

3.4.1.1 Funktional orientierte Primärstruktur

Wenn Unternehmen ihre funktionalen Strukturen nicht in Frage stellen wollen, führen sie ein Geschäftsprozessmanagement nach dieser Strategie ein. Zielsetzung dabei ist das „Durchforsten" tradierter Abläufe, wobei die eigentliche Aufgaben- und Machtverteilung im Status quo erhalten bleiben soll. Die Neukombination der Ressourcen in den vorgegebenen Strukturen verändert die Aufbauorganisation nicht in ihrer grundsätzlichen Gestalt und zählt damit zu den eher herkömmlichen Rationalisierungsansätzen. Dieser zeichnet sich jedoch dadurch aus, dass er nicht an den Abteilungsgrenzen endet,[79] sondern abteilungsübergreifend wirkt. Wie in Abbildung 6 gezeigt, lässt sich ein Geschäftsprozessmanagement in einer funktional orientierten Primärstruktur beispielsweise in Form von einer „funktionalen Spezialisierung mit prozessorientierten Stabstellen" oder in Form eines „Prozessteams aus funktionalen Spezialisten" realisieren.[80] Geschäftsprozessmanagement ist in diesem Sinne als Koordinierung (Planung, Steuerung und Kontrolle) einzelner Optimierungsprojekte zu sehen.[81]

In der Praxis kommen diese Mischformen häufig zur Anwendung, da sie keine gravierenden Änderungen in der Funktionsorganisation erfordern und sich ohne großen Widerstand der Mitarbeiter realisieren lassen.[82]

---

[79] Vgl.: Scholz, Rainer/ Vrohlings, Alwin (1994), S. 28
[80] Vgl.: Picot, Arnold/ Franck, Egon (1996), S. 31
[81] Vgl.: Scholz, Rainer/ Vrohlings, Alwin (1994), S. 28
[82] Vgl.: Corsten, Hans (1997), S. 42

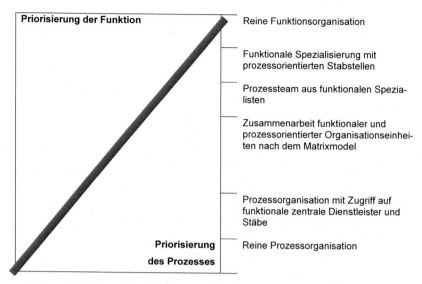

Abbildung 6: Relative Priorisierung der Funktion bzw. des Prozesses bei der Spezialisierung von Organisationseinheiten. In Anlehnung an: Picot, Arnold/ Franck, Egon (1996), S. 30

3.4.1.2 Duale Struktur – Matrixorganisation

In einer Matrix-Prozessorganisation werden Elemente der Funktions- und Prozessstruktur miteinander kombiniert.[83] Die Machtverteilung zwischen Funktionen und Prozessverantwortlichen kann dabei unterschiedlich geregelt sein.[84] In diesem Rahmen wird oft ein Prozessmanager eingesetzt, der cross-funktional tätig ist. Er kann mit fachlicher Weisungsbefugnis gegenüber den einzelnen Funktionen ausgestattet sein und vertritt gegenüber den Funktionsmanagern die Prozessziele.[85] Dem Prozessmanager kann zur Unterstützung seiner Tätigkeiten ein Prozessteam zugeordnet werden[86]. In seinen Verantwortungsbereich gehört z.B. die Überprüfung der Zufriedenheit der Endkunden mit dem Prozessergebnis. Daraus abgeleitet ist er auch verantwortlich für die

[83] Vgl.: Picot, Arnold/ Franck, Egon (1996), S. 31
[84] Vgl.: Corsten, Hans (1997), S. 45
[85] Vgl.: Picot, Arnold/ Franck, Egon (1996), S. 31
[86] Vgl.: Corsten, Hans (1997), S. 44

Messung der Indikatoren hinsichtlich Kundenunzufriedenheit und Initiierung von organisatorischen Maßnahmen, um die Unzufriedenheit wieder zu beseitigen. In diesem Fall wäre er also verantwortlich für die crossfunktionale Abstimmung von Geschäftsvorgängen.[87]

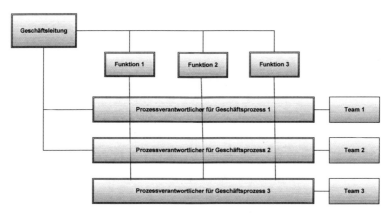

Abbildung 7: Grundmodell einer prozessorientierten Matrixstruktur. In Anlehnung an: Corsten, Hans (1997), S. 44

3.4.1.3 Prozessorientierte Primärstruktur

In einer prozessorientierten Primärstruktur wird die Funktionsorganisation weitgehend aufgegeben und durch Geschäftsprozesse ersetzt.[88] Die Aufbauorganisation wird durch Geschäftsprozesse bestimmt, d.h. dass die Struktur den Prozessen folgt. Die Organisationseinheiten bestehen also aus den Geschäfts- und Teilprozessen und sind organisatorisch selbstständig.[89] Sie verfügen über eigene Ressourcen und teilen diese selbst ein. In der prozessorientierten Primärstruktur üben die Geschäfts- und Teilprozessverantwortlichen Leitungsfunktionen in der Linie aus. In diesem Rahmen haben die Geschäftsprozessverantwortlichen umfassende Ressourcen-, Budget- und Ergebnisverantwortung sowie Weisungsbefugnis gegenüber den Teilprozessverantwortlichen.[90]

---

[87] Vgl.: Scholz, Rainer/ Vrohlings, Alwin (1994), S. 29
[88] Vgl.: Weymar, Florian (2001), S. 41
[89] Vgl.: Scholz, Rainer/ Vrohlings, Alwin (1994), S. 29 ff
[90] Vgl.: Gaitanides, Michael (1998), S. 378

3.5. Implementierung des Geschäftsprozessmanagements

Viele Unternehmensberatungen wie Roland Berger & Partner, Boston Consulting Group etc. haben eigene Vorgehenskonzepte zur Implementierung des Geschäftsprozessmanagements für Unternehmen entwickelt. Auf die einzelnen Konzepte der Unternehmensberatungen soll an dieser Stelle nicht weiter eingegangen werden. In der Praxis zeigt sich, dass jedes Unternehmen (gemeinsam mit einer Unternehmensberatung) sein eigenes Einführungskonzept erarbeiten sollte, um seinen spezifischen Zielen und Gegebenheiten gerecht zu werden. In diesem Sinne werden folgend einige wichtige Punkte aufgezählt, die für eine erfolgreiche Implementierung eines Geschäftsprozessmanagements beachtet werden sollten:

➢ Vor der Einführung des Geschäftsprozessmanagements hat das Management einer Unternehmung die Anwendungstiefe und –breite *(Implementierung der Prozess-, Organisations- und IT-Struktur)*[91] festzulegen, bei der Umsetzung Durchsetzungsfähigkeit und –willen zu beweisen und die nötigen personellen und finanziellen Voraussetzungen für eine erfolgreiche Implementierung zu schaffen.

➢ Die betroffenen Mitarbeiter sollten frühzeitig in den Veränderungsprozess miteinbezogen werden. Gründe, Ziele, Inhalte und Konsequenzen sollten intensiv mit ihnen besprochen werden. In diesem Rahmen sollten gezielte Informations- und Qualifikationsveranstaltungen die Mitarbeiter auf ihre neuen Rollen vorbereiten.

➢ Um große Widerstände von den Mitarbeitern bei der Einführung des Geschäftsprozessmanagements zu verhindern, sollte ein reines Top- Down Vorgehen vermieden werden. Die Mitarbeiter müssen aktiv in den Reorganisations- und/ oder Wandlungsprozess mit eingebunden werden.[92]

➢ Das Top-Management sollte insbesondere das mittlere Management gezielt auf das Geschäftsprozessmanagement vorbereiten und diesem Zukunftsperspektiven aufzeigen. Das mittlere Management stellt häufig die „Bremse" bei einer solchen Einführung dar, da es fürchtet sein Ansehen, Position und Einfluss zu verlieren.[93]

---

[91] Vgl.: NorCom AG (2003), S. 18
[92] Vgl.: Gaitanides, Michael (1998), S. 373
[93] Vgl.: Maier, Klaus-Dieter/ Laib, Peter, (1997), S. 109

Abbildung 8: Ablaufphasen des Geschäftsprozessmanagements. Quelle: Erstellt vom Verfasser, in Anlehnung an NorCom AG (2003), S. 17.

4. Prozesscontrolling und Leistungssteigerung in Geschäftsprozessen

Die Kernziele des Geschäftsprozessmanagements sind, die Steigerung der Effektivität und Effizienz der Geschäftsprozesse, um dadurch die Produktivität und Kundenzufriedenheit zu erhöhen. Voraussetzung dafür ist eine auf die Kundenbedürfnisse ausgerichtete Gestaltung der Geschäftsprozesse sowie deren zielgerichtete Steuerung. Das Prozesscontrolling liefert die notwendigen Informationen für diese Steuerung.

Aufgabe des Prozesscontrolling ist es, die Effektivität und Effizienz von Geschäftsprozessen zu planen und zu überwachen.[94] Zum Aufgabenkreis gehören die Prozessplanung, Prozesskontrolle, Prozesskoordination und Informationsversorgung.[95] Es stellt den Geschäftsprozessverantwortlichen die Informationen zur Verfügung, die sie zur Steuerung ihrer Geschäftsprozesse benötigen. Sie sind zuständig für das Prozesscontrolling und können die Durchführung des Prozesscontrolling an die Teilprozessverantwortlichen und an die Prozessmitarbeiter delegieren.[96]

Das Vorhandensein der in Kapitel 3.2.2 beschriebenen, Prozessdokumentation ist dabei eine wesentliche Voraussetzung für den Aufbau eines Prozesscontrolling.[97]

Das zentrale Controlling wird durch das Prozesscontrolling, im Rahmen der Verlagerung der Controllingaufgaben in die Prozesse, entlastet. Dennoch ist das zentrale Controlling für die allgemeine Weiterentwicklung des Controllingsystems und für die Bereitstellung der Controllinginstrumente verantwortlich.[98]

---

[94] Vgl.: Friedrich, Werner/ Schmelzer, Hermann J. (1997) S. 336
[95] Vgl.: Schmelzer, Hermann J./ Sesselmann Wolfgang (2003), S. 149
[96] Vgl.: Schmelzer, Hermann/ Sesselmann, Wolfgang (2001), S. 329 ff
[97] Vgl.: Scholz, Rainer/ Vrohlings, Alwin (1994/3), S. 61
[98] Vgl.: Horvath, Peter/ Mayer, Reinhold (1989), S. 216

4.1. Prozessplanung

In der Prozessplanung werden die notwendigen Voraussetzungen zur Messung und Verbesserung der Prozessleistungen geschaffen. Die Messung von Prozessleistungen erfolgt mittels Prozesskennzahlen, die speziell für diesen Zweck zu entwerfen und zu erheben sind. Dabei ist zu beachten, ob die produzierte Leistung mit den definierten Vorgaben übereinstimmt und ob gleichzeitig diese Leistung den Kundenanforderungen entspricht.[99]

Zur Entwicklung von Prozesskennzahlen sind im Rahmen der Prozessplanung drei Aufgabenblöcke zu bewältigen:

1. Festlegung der Leistungsparameter
2. Festlegung der mit den Leistungsparametern korrespondierenden Messgrößen
3. Planung der Prozessziele (Zielgrößen)[100]

Die Leistungsparameter setzen sich aus Ziel- und Messgrößen zusammen, dabei wird über die Zielgrößen die SOLL-Leistung der Geschäftsprozesse festgelegt und über die Messgrößen die IST-Leistung der Geschäftsprozesse gemessen.[101] Sollten Abweichungen zwischen SOLL und IST auftreten, können korrigierende Maßnahmen eingeleitet und Lerneffekte erzielt werden.

Die wichtigsten Leistungsparameter der Prozesseffizienz sind Prozesszeit, Prozesstermine, Prozessqualität und Prozesskosten. Der wichtigste Parameter zur Beurteilung der Prozesseffektivität ist die Kundenzufriedenheit. Diese fünf Leistungsparameter erlauben eine ganzheitliche Bewertung der Prozessleistung und sollten daher in jedem Geschäftsprozess als Standard-Leistungsparameter verwendet werden.

Die Leistungsparameter müssen im Zusammenhang betrachtet und gesteuert werden, was nur möglich ist wenn, Prozesszeit, Prozesstermine, Prozessqualität und Prozesskosten am selben Objekt und zum selben Zeitpunkt gemessen

---

[99] Vgl.: Scholz, Rainer/ Vrohlings, Alwin (1994/3), S. 58
[100] Vgl.: Schmelzer, Hermann/ Sesselmann, Wolfgang (2001), S. 330
[101] Vgl.: Fries, Stefan/ Seghezzi, Hans Dieter (1994), S. 339 ff

werden. Das Prozesscontrolling hat dabei die Aufgabe diese Synchronisation sicherzustellen.

4.1.1. Leistungsparameter

4.1.1.1 Prozesszeit

Prozesszeiten haben erheblichen Einfluss auf Effektivität, Effizienz, Flexibilität und Reaktionszeit eines Unternehmens[102]. Eine erhöhte Prozessdauer ist immer mit monetären Nachteilen und oft auch mit einer geringeren Kundenzufriedenheit verbunden. Daher stellt die Messung der Prozesszeit eine elementare Forderung dar.[103] Die Prozesszeit wird in Durchlaufzeit und Zykluszeit gemessen.

Durchlaufzeit

Gemessen wird die gesamte Durchlaufzeit von Prozessbeginn bis zum Prozessende, also bis zur Verfügbarkeit des gewünschten Produktes.[104] Bei der Durchlaufzeit werden zeitparallele Teilprozesse nicht berücksichtigt. Daher ist die Durchlaufzeit die geeignete Messgröße zur Erstellung von Angeboten im Vertriebsprozess oder Abwicklung von Aufträgen im Auftragsabwicklungsprozess, eben dort wo Reaktionszeiten gefragt sind.

Zykluszeit

Die Zykluszeit setzt sich aus der Summe der Durchlaufzeiten aller Prozessschritte, auch die der zeitparallelen Teilprozesse, Prozess- und Arbeitsschritte zusammen[105] und gibt Auskunft über den gesamten Zeitaufwand eines Prozessobjektes und der Zeitdauer der Ressourcenbindung. Anhand der Zykluszeit kann die Zeiteffizienz eines Geschäftsprozesses gemessen werden.

Die Prozesszeit von Geschäfts- bzw. Teilprozessen setzt sich aus Bearbeitungs-, Transfer- und Liegezeiten zusammen[106]. Die Bearbeitungszeit enthält

---

[102] Vgl.: Schmelzer, Hermann J./ Sesselmann Wolfgang (2003), S. 153 ff
[103] Vgl.: Bielert, Peter/ Westphal, Beatrix/ Keil, Karsten (1999), S. 294

[104] Vgl.: Scholz, Rainer/ Vrohlings, Alwin (1994/3), S. 68
[105] Vgl.: Schmelzer, Hermann J./ Sesselmann Wolfgang (2001), S. 330 ff
[106] Vgl.: Scholz, Rainer/ Vrohlings, Alwin (1994/3), S. 68

nur Zeitanteile, die unmittelbar mit der Erstellung des Prozessobjektes aufgewendet wurden. Transferzeiten sind die Zeitanteile, die für die Weitergabe von Zwischen- und Endergebnissen benötigt werden. Unter Liegezeiten werden die Zeitanteile verstanden, bei denen die Bearbeitung und der Transfer nicht möglich, sind weil Inputs oder Ressourcen fehlen. Transfer- und Liegezeiten leisten keinen Beitrag zu Wertschöpfung, daher sollten die Transfer und Liegezeiten minimiert werden, um den Prozess effizienter zu gestalten.

Das Verhältnis aus der Summe der Bearbeitungszeiten und der Zykluszeit gibt beispielsweise Hinweise auf das Leistungsniveau des Geschäftsprozesses und damit auf die Zeiteffizienz.[107] Stellvertretend für viele weitere Prozesszeit bezogene Kennzahlen soll hier die Zeiteffizienz auf Basis der Zykluszeit vorgestellt werden:

$$Zeiteffizienz = \frac{\sum Bearbeitungszeiten}{Zykluszeit} * 100$$

4.1.1.2 Prozesstermine

Die Termintreue (TT) ist eine aussagefähige Kennzahl zur Messung von Prozessterminen. Das Verhältnis aus der Summe fertig gestellter Arbeitspakete ohne Terminverzug zu der Summe der insgesamt fertig gestellten Arbeitspakete, stellt die Termintreue dar.[108] Stellvertretend für weitere, Prozesstermin bezogene Kennzahlen soll hier die Termintreue vorgestellt werden:

$$TT(\%) = \frac{\sum derfertiggestelltenArbeitspaketeohneTerm.verzug(t_0 - t_{-1})}{\sum insgesamtfertiggestellteArbeitspakete(t_0 - t_{-1})} * 100$$

4.1.1.3 Prozessqualität

Prozessqualität als Leistungsparameter misst sich an der Konformität des Outputs eines Prozesses, zu den definierten Vorgaben externer (und interner)

---

[107] Vgl.: Schmelzer, Hermann J./ Sesselmann Wolfgang (2003), S. 170
[108] Vgl.: Friedrich, Werner/ Schmelzer, Hermann J. (1997) S. 336

Kunden bzw. nachgelagerter Prozesse oder Teilprozesse. Dabei stehen insbesondere:

> die Reduzierung der Fehlerkorrekturkosten (Qualitätskosten) und verbunden damit eine geringere Arbeitsbelastung,

> die Eliminierung prozessualer Schwachstellen und die

> höhere Kundenzufriedenheit

im Vordergrund.[109]

Das Verhältnis aus der Anzahl abgeschlossener Prozessobjekte ohne Nacharbeit, zu der Anzahl der abgeschlossenen Bearbeitungsobjekte, stellt z.b. den so genannten First-Pass-Yield (Prozessobjekte, die beim ersten Prozessdurchlauf fehlerfrei erstellt wurden) dar. Stellvertretend für weitere Prozessqualität bezogene Kennzahlen soll hier die First-Pass-Yield (FPY) vorgestellt werden:

$$FPY(\%) = \frac{AnzahlabgeschlossenerBearbeitungsobjekte(t_0 - t_{-1})ohneNacharbeit}{AnzahlabgeschlossenerBearbeitungsobjektein(t_0 - t_{-1})} * 100$$

4.1.1.4 Prozesskosten

Im allgemeinen dienen Kosten dazu, betriebliche Leistungen monetär zu bewerten und Schwachstellen der Leistungserstellung ausfindig zu machen.[110] Für eine erfolgreiche Vermarktung von Produkten oder Dienstleistungen ist die exakte Kenntnis der Produkt- bzw. Herstellungskosten unabdingbar.[111] Die Aussagekraft der Kosten hängt dabei wesentlich von dem angewendeten Kostenrechnungssystem ab. Den betrieblichen Leistungen sollen möglichst verursachungsgerecht, die Kosten in Abhängigkeit von den in Anspruch genommenen Ressourcen, zugerechnet werden.

Durch die Prozesskostenrechnung lassen sich die entstehenden Kosten in den Gemeinkostenbereichen besser als in der traditionellen Kostenrechnung

---

[109] Vgl.: Scholz, Rainer/ Vrohlings, Alwin (1994/3), S. 73

[110] Vgl.: Schmelzer, Hermann J./ Sesselmann Wolfgang (2003), S. 175 ff
[111] Vgl.: Scholz, Rainer/ Vrohlings, Alwin (1994/3), S. 76

aufschlüsseln und so den Produkten bzw. Leistungen verursachungsgerechter zuordnen.

Der Grund für die ungenaue Kostenermittlung in der traditionellen Kostenrechnung liegt in der pauschalen Umlage der Gemeinkosten auf Basis von Einzelkosten. Die vorausgesetzte Proportionalität zwischen Einzel- und Gemeinkosten, aus der die Zuschlagssätze zu Kostenverrechnung gewonnen werden, besteht heute meist nicht mehr.

In der Prozesskostenrechnung dagegen werden die Leistungen in Abhängigkeit von der Inanspruchnahme der Prozessressourcen zugeteilt. Sie zeigt auf, welche Ressourcen die Geschäfts-, Teilprozesse und Prozessschritte verbrauchen und was die exakte Erzeugung von Prozessleistungen – in Form von Prozesskosten – kostet.[112] Innerhalb der Prozesskostenrechnung erhöhen die Prozesskosten die Kostentransparenz der indirekten Leistungsbereiche und können die Produktkalkulation erheblich verbessern.[113]

Klassische Kalkulation	EUR		Kalkulation mit Prozesskosten	EUR
Materialeinzelkosten	250		Materialeinzelkosten	250
			Beschaffungsprozess	90
			Lagerungsprozess	50
10 % Materialzuschlag	25		Kommissionierungsprozess	80
Materialkosten	275		A) Materialkosten	470
14 Fertigungsstd. a 50 EUR	700		14 Fertigungsstufen a 20 EUR	280
Summe Herstellkosten	975		Rüstprozess	140
			Fertigungsprozess	360
			Testprozess	160
			B) Fertigungskosten	940
			Summe Herstellkosten A+B	1410

Tabelle 2: Vergleich klassische Kalkulation und Prozesskosten Kalkulation. In Anlehnung an: Freidinger, Robert (2002), S. 34

Im Prozesscontrolling sollten die Prozesskosten nur in Verbindung mit den anderen Standard-Leistungsparametern: Prozesszeit, Prozesstermine, Pro-

---

[112] Vgl.: Schmelzer, Hermann J./ Sesselmann Wolfgang (2003), S. 178
[113] Vgl.: Horvath, Peter/ Mayer, Reinhold (1989), S. 216

54

zessqualität und Kundenzufriedenheit zur Anwendung kommen. Sie zeigen, wie sich Veränderungen von Prozesszeit, Termintreue, Prozessqualität und Kundenzufriedenheit monetär auswirken und wie durchgeführte Verbesserungsmaßnahmen Kosten und Ergebnis beeinflussen.[114]

4.1.1.5 Kundenzufriedenheit

Der Grad der Kundenzufriedenheit bestimmt im wesentlichen den Erfolg und die Position eines Unternehmens am Markt. Daraus resultiert das elementare Bedürfnis der Unternehmen, die Kundenzufriedenheit zu ermitteln.[115] Im Sinne des Prozesscontrolling kann die Kundenzufriedenheit über verschiedene Methoden gemessen werden:

➢ Direkte Messung

- Periodische Befragung von Kunden und Nutzern,
- Befragung der Kunden nach Bereitstellung der Prozessergebnisse (nach Auslieferung oder Installation eines Produktes),[116]
- Befragung der Kunden anhand standardisierter Fragebögen.[117]

➢ Indirekte Messung

- Befragung von Mitarbeitern mit häufigem Kundenkontakt
- Analyse unternehmensinterner Daten:
  - Anzahl der Reklamationen,[118]
  - Termintreue der Lieferungen,
  - Lieferzeit,
  - Auftragsverluste,
  - Kundenloyalität,
  - Gewährleistungs- und Garantiefälle.

Wichtig ist, die Kundenzufriedenheit regelmäßig zu messen und die Messergebnisse sorgfältig zu analysieren, um entsprechende Verbesserungsmaßnahmen einzuleiten.[119]

---

[114] Vgl.: Freidinger, Robert (2002), S. 34 ff
[115] Vgl.: Scholz, Rainer/ Vrohlings, Alwin (1994/3), S. 86
[116] Vgl.: Schmelzer, Hermann J./ Sesselmann Wolfgang (2001), S. 330
[117] Vgl.: Scholz, Rainer/ Vrohlings, Alwin (1994/3), S. 87
[118] Vgl.: Wall, Frederike/ Hirsch, Bernhard/ Attoprs, Johan (2000), S. 247
[119] Vgl.: Schmelzer, Hermann J./ Sesselmann Wolfgang (2003), S. 157

4.1.1.6 Planung der Prozessziele

Wie Eingangs in Kapitel 4.1 erwähnt ist die Festlegung von Zielwerten eine Aufgabe der Prozessplanung. Die Zielwerte beziehen sich auf die Leistungsparameter und die damit zusammengehörigen Messgrößen. Es bieten sich, ähnlich wie bei der Geschäftsprozessidentifizierung, zwei Vorgehensweisen an: Die Top-down und Bottom-up Zielplanung.

Top-down Zielplanung

Die Prozessziele werden in der Top-down Zielplanung aus Geschäftszielen abgeleitet, die aus der aktuellen strategischen Geschäftsplanung stammen. Die so ermittelten Ziele, mit den entsprechenden Ziel- und Messgrößen, werden dann in einer Balanced Scorecard[120] ausgewiesen. Über die Balanced Scorecard wird eine direkte Verbindung zu den Prozesszielen hergestellt und dient der Strategieumsetzung, nicht der Strategiefindung. Ziel der Balanced Scorecard ist, mit Hilfe relativ weniger Kennzahlen das gesamte Unternehmen strategiekonform zu steuern. Auf eine tief greifendere Darstellung der Zielplanung mit Hilfe der Balanced Scorecard, soll an dieser Stelle nicht eingegangen werden.[121]

Bottom-up Zielplanung

Bei der Bottom-up Zielplanung können wertvolle Informationen für die Definition der Zielvorgaben durch interne Prozessanalysen oder durch Prozess-Benchmarking gewonnen werden.

Bei den Prozessanalysen werden die Geschäftsprozesse aus der Innenansicht heraus beurteilt. Nachteil bei dieser Zielgewinnung bzw. –planung ist, dass die ermittelten Ziele nur das vermutete Verbesserungspotential widerspiegeln, aber keinen Bezug zu den Bedürfnissen von externen Kunden haben.

Das Prozess-Benchmarking vergleicht die Geschäftsprozesse des eigenen Unternehmens mit leistungsstarken Wettbewerbern oder gar mit so genannten Best-in-Class-Unternehmen. So wird aufgezeigt wie hoch die Ziele gesteckt

---

[120] *Balanced Scorecard* = Strukturierte Sammlung von Kennzahlen (Ziel- und Messgrößen), die dem Management eine schnelle und gleichzeitig umfassende Sicht des Unternehmens vermittelt. Quelle: Wall, Frederike (2000), S. 205
[121] Vgl.: Wall, Frederike (2000), S. 214 ff

werden sollten, um sich im Wettbewerb mit anderen Unternehmen behaupten zu können. Für die Ableitung der Prozessziele sollten die Benchmarking-Daten mit Ergebnissen von Kundenbefragungen kombiniert werden und mit den strategischen Geschäftszielen abgeglichen werden.[122]

4.2. Prozesskontrolle

Die in der Zielplanung festgelegten Leistungsparameter, Messgrößen und Zielwerte bedürfen einer Kontrolle im Rahmen des Prozesscontrolling für eine optimale Prozesssteuerung. Die Prozesskontrolle soll dabei folgende Aufgaben bewältigen:[123]

> ➢ Messung der IST-Situation über die festgelegten Messgrößen in den Geschäftsprozessen,
> ➢ Ermittlung von Zielabweichungen durch den Vergleich von Ziel- und Istwerten,
> ➢ Analyse von Abweichungsursachen,
> ➢ Ausarbeitung von Maßnahmen zur Behebung der Zielabweichungen und Beseitigung der Abweichungsursachen.[124]

So soll die Zielerreichung in den Geschäftsprozessen durch frühzeitiges erkennen und korrigieren von Zielabweichungen gesichert werden und die Effizienz der Geschäftsprozesse durch die bessere Beherrschbarkeit dieser gesteigert werden.

Die Frequenz bzw. die Häufigkeit der Messungen von IST-Werten hängt von den aktuellen Gegebenheiten,[125] der Art der Messgröße, der Durchlaufzeit der Bearbeitungsobjekte und dem Informationsbedürfnis der Entscheidungsträger in den Geschäftsprozessen ab. Je kürzer dabei die Messzyklen sind, umso schneller kann auf Abweichungen reagiert werden, und umso besser sind die daraus resultierenden Lerneffekte.[126] Das gilt insbesondere für Unternehmen,

---

[122] Vgl.: Scholz, Rainer/ Vrohlings, Alwin (1994/4), S. 114
[123] Vgl.: Schmelzer, Hermann J./ Sesselmann Wolfgang (2001), S. 331 ff
[124] Vgl.: Schmelzer, Hermann J./ Sesselmann Wolfgang (2003), S. 191
[125] Vgl.: Scholz, Rainer/ Vrohlings, Alwin (1994/3), S. 96
[126] Vgl.: Schmelzer, Hermann J./ Sesselmann Wolfgang (2001), S. 333

bei denen das Prozessergebnis der einzelnen Geschäftsprozesse maßgeblich für den Erfolg verantwortlich ist.[127]

4.3. Prozesssteuerung

Über die Prozessplanung und –kontrolle werden die wichtigsten Voraussetzungen geschaffen Geschäftsprozesse gezielt zu steuern und ihre Leistung zu steigern. In diesem Rahmen ist die Hauptaufgabe der Prozesssteuerung die Einleitung von Korrektur- und Verbesserungsmaßnahmen sowie die damit verbundenen Entscheidungen und Anweisungen.

Die Prozesssteuerung obliegt auf Ebene der Geschäfts- und Teilprozesse den Geschäftsprozess- und den Teilprozessverantwortlichen; und auf Ebene der Prozess- und Arbeitsschritte den Prozessmitarbeitern. Zur Ablaufsteuerung können auch, insbesondere im E-Business Bereich, die in Kapitel 2.2.7 kurz beschriebenen Workflow-Management-Systeme eingesetzt werden.

Ein wichtiges Instrument zur Prozesssteuerung ist der Prozessbericht, indem die aktuellen IST-Werte und die Abweichungen von den Zielwerten aufgezeigt werden. Sobald negative Abweichungen auftreten sind zunächst die Ursachen durch die Verantwortlichen zu analysieren, um dann mit geeigneten Maßnahmen auf diese Ursachen zu reagieren.[128] Prozessberichte werden für jeden Geschäftsprozess erstellt und bilden den Schwerpunkt der Informationsversorgung und damit die Grundlage für die Prozesssteuerung.[129]

4.4. Berichtswesen des Prozesscontrolling

Die Informationsversorgung der Prozessverantwortlichen und Prozessmitarbeiter mit relevanten prozessbezogenen Informationen ist eine weitere Aufgabe

---

[127] Vgl.: Scholz, Rainer/ Vrohlings, Alwin (1994/3), S. 96

[128] Vgl.: Schmelzer, Hermann J./ Sesselmann Wolfgang (2003), S. 213
[129] Vgl.: Fries, Stefan/ Seghezzi, Hans Dieter (1994), S. 344

des Prozesscontrolling.[130] Die Informationsversorgung beinhaltet die Ermittlung des Informationsbedarfs sowie die Beschaffung, Aufbereitung, Speicherung und Übermittlung dieser Informationen. Je besser die Informationsversorgung auf den Informationsbedarf der einzelnen Aufgabenträger in den Geschäftsprozessen abgestimmt ist, desto höher ist die Entscheidungsqualität und mögliche Erreichung der Prozessziele.

Schwerpunkt der Informationsversorgung in Geschäftsprozessen ist der im vorigen Kapitel erwähnte Prozessbericht. Vornehmlich werden die Standardleistungsparameter Prozesszeit, Termintreue, Prozessqualität, Prozesskosten und Kundenzufriedenheit sowie anderen Parametern visualisiert. Für jeden Leistungsparameter werden Ausgangswert (Durchschnittswert der Vorperiode), Zielwert, IST-Wert und Trend dargestellt. Dazu sollten untere und obere Grenzwerte definiert werden, die bei Unter- bzw. Überschreitung zu Anpassungsmaßnahmen führen.

4.5. Methoden zur Leistungssteigerung in Geschäftsprozessen

4.5.1. Methode zur Prozesserneuerung

Business Process Reengineering (BPR)

Die Methode des BPR beinhaltet ein fundamentales Überdenken und ein radikales Neugestalten des Unternehmens oder wesentlicher Unternehmensprozesse und geht meist vom Top-Management aus.[131] Bestehende Abläufe, Systeme, Strukturen und Verhaltensweisen werden mit einer ausgeprägten Kunden- und Prozessfokussierung grundlegend in Frage gestellt und radikal verändert. In diesem Sinne sollen sprunghafte Verbesserungen bezüglich Zeit, Qualität, Kosten und Kundenzufriedenheit, insbesondere durch die Nutzung der modernen IuK-Technologie, erreicht werden.[132] Ein solcher radikaler Umbruch hat prozessübergreifende Wirkung, birgt erhebliche Chancen aber auch Risiken in sich, ist von begrenzter Zeitdauer und wird meist als Projekt durchgeführt.[133]

---

[130] Vgl.: Scholz, Rainer/ Vrohlings, Alwin (1994/3), S. 96
[131] Vgl.: Hammer, Michael/ Champy, James (1995), S. 48
[132] Vgl.: Nippa, Michael (1996), S. 70
[133] Vgl.: Gaitanides, Michael (1998), S. 370 ff

4.5.2. Methoden zur Prozessverbesserung

Die Methoden zur Prozessverbesserung eignen sich hervorragend zur Stabilisierung von Leistungssprüngen nach dem Business Process Reengineering und zur kontinuierlichen Leistungssteigerung von Prozessleistungen. Die Verbesserungsaktivitäten bzw. –projekte werden von den Geschäftsprozess- und Teilprozessverantwortlichen sowie von den Prozessmitarbeitern initiiert.[134]

4.5.2.1 Geschäftsprozessoptimierung (GPO)

Mit der Methode der GPO wird in größeren Schritten, meist ausgehend vom mittleren Management, das bestehende verbessert, verändert, transformiert und Schwachstellen ausgemerzt. Basis jeder Geschäftsprozessoptimierung ist die Durchführung von systematischen Prozessanalysen. Diese Analysen erfordern ein klar strukturiertes Vorgehen und detailliertes, fachbereichsübergreifendes Wissen über Wesen, Zusammenhänge und Elemente der Prozesse. Über Schwachstellenanalysen werden Verbesserungsmaßnahmen eingeleitet. Die Optimierung selbst wird auf „sanfte" Weise durchgeführt, indem bestehende Prozesse vom Ist-Zustand ausgehend in mittelgroßen bis kleinen Schritten verbessert und optimiert werden.[135]

Im Mittelpunkt der Geschäftsprozessoptimierung stehen Kunden, (Geschäfts-) Prozesse und Mitarbeiter. Ziel ist es dabei den Kundennutzen innerhalb der Geschäftsprozesse durch Mitwirkung der Mitarbeiter zu steigern[136] und somit die Effizienzparameter Zeit, Qualität und Kosten zu optimieren.

4.5.2.2 KVP (Kontinuierlicher-Verbesserungs-Prozess), KAIZEN

Ziel bei KVP bzw. KAIZEN[137] ist die Leistung von Geschäftsprozessen, durch lösen von Problemen auf Ebene der Prozess- und Arbeitsschritte, permanent zu steigern.[138] Nicht wertschöpfende Tätigkeiten, Fehler, Probleme und Schwachstellen sollen durch mithilfe der Prozessmitarbeiter aufgedeckt und

---

[134] Vgl.: Maier, Klaus-Dieter/ Laib, Peter, (1997), S. 103 ff
[135] Vgl.: Freidinger, Robert (2002), S. 58
[136] Vgl.: Maier, Klaus-Dieter/ Laib, Peter, (1997), S. 102
[137] KAIZEN = Japanischer Begriff für "Veränderung zum Besseren" - KAI = Veränderung, Wandel + ZEN = zum Besseren, im positiven Sinn / KAIZEN = kontinuierliche Verbesserung. KAIZEN (2003). Vgl.: LEGAmedia (2003).
[138] Vgl.: Freidinger, Robert (2002), S. 58

beseitigt werden. Entscheidend ist hier die Motivation der Prozessmitarbeiter, die durch die Einführung eines Vorschlagswesens mit Entgeltsystem „entfacht" und gesteigert werden kann.[139]

---

[139] Vgl.: Freidinger, Robert (2002), S. 57

5. Geschäftsprozessmanagement bei der TUI interactive GmbH und TUI 4U GmbH

5.1. Unternehmensportrait der TUI interactive GmbH

5.1.1. Unternehmen und Geschäftszweck

Die TUI interactive GmbH mit Hauptsitz in Hannover ist eine hundertprozentige Tochtergesellschaft der TUI Deutschland GmbH. Sie wurde als Spinn-off im Jahr 2000 gegründet und hat ihre Wurzeln im Bereich Neue Medien der TUI Deutschland GmbH.[140] Die TUI Deutschland GmbH ist wiederum eine hundertprozentige Tochtergesellschaft der TUI AG, welche als Führungsgesellschaft in Form einer Holding fungiert. Die TUI AG steuert 482 konsolidierte Gesellschaften mit ca. 70.300 Angestellten und erwirtschaftet einen Umsatz von ca. zwanzig Milliarden Euro. Sie ist im Rahmen eines relativ kurzen Wandlungsprozesses aus der Preussag AG hervorgegangen, welcher am 26. Juni 2002 mit der Umfirmierung in die TUI AG abgeschlossen wurde. Die zum neu entstandenen Touristikkonzern gehörenden Gesellschaften bilden alle Stufen der touristischen Wertschöpfungskette ab.[141]

Gegenstand der TUI interactive GmbH ist die Konzeption, Gestaltung und Erstellung von Internet-Präsenzen für Reisedienstleistungen und deren Online-Verkauf sowie die Durchführung aller damit in Zusammenhang stehenden Geschäfte.[142]

In diesem Rahmen entwickelt und betreibt die TUI interactive GmbH als Eigenvertriebsunternehmen mit 42 Mitarbeitern die E-Commerce-Aktivitäten im Business-to-Consumer Bereich diverser konzernzugehöriger Gesellschaften. Hierzu gehören: www.tui.de (siehe Abbildung 9) www.robinson.de, www.imholz.ch, www.t-online-travel.de, www.wolters-reisen.de, www.discount-travel.com, www.tvtravelshop.de und www.airtours.de . Sie ist für die Produkt- und Marketingsteuerung im Online-Geschäft zuständig. Diese umfassen die Planung, Definition und Steuerung des kundengerechten Angebotsmix, die

---

[140] Vgl.: TUI interactive (2003)
[141] Vgl.: TUI AG (2003)
[142] Vgl.: TUI interactive Lagebericht (2002)

Planung und Umsetzung der Marketingaktivitäten im Online-Geschäft für TUI.de und die Weiterentwicklung von Kundenbindungsmaßnahmen.

In diesem Zusammenhang beschäftigt sich die TUI interactive GmbH mit folgenden Aktivitäten:

➢ Identifikation und Implementierung von unternehmensübergreifenden Geschäftsmodellen, wie T-Online Travel,

➢ Planung, Entwicklung und Lizensierung einer virtuellen Reiseplattform (VRP),

➢ Entwicklung von zukünftigen Vertriebstools auf Basis der Internet-Technologie,

➢ Entwicklung, Kontrahierung und Lizensierung von innovativen Produkten zur Steigerung der Attraktivität von touristischen Online-Auftritten (360-Grad-Panorama Bilder, personalisierte Angebotsfindung, Zielgebiets- und Wetterinformationen etc.).[143]

---

[143] Vgl.: TUI interactive (2003)

Abbildung 9: TUI.de Homepage der TUI interactive GmbH. Quelle: Am 17.10.2003, 13:00 Uhr von URL: http://www.tui.de/

5.1.2. Organisation und Aufbau

Die TUI interactive GmbH ist als Linienorganisation mit funktionsorientierter Struktur aufgestellt. Sie wird von zwei gleichberechtigten Geschäftsführern geführt, denen jeweils unterschiedliche Unternehmensbereiche bzw. Fachabteilungen zugeordnet sind (siehe Abbildung 10).

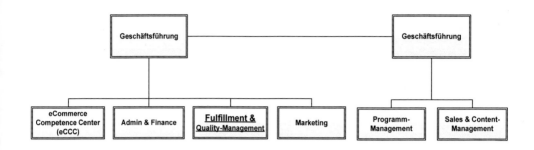

Abbildung 10: Organigramm der TUI interactive GmbH. Quelle: Erstellt vom Verfasser in Anlehnung an interne Unterlagen der TUI interactive GmbH.

Die einzelnen Fachabteilungen werden jeweils von einem Abteilungsleiter geführt. Das eCommerce Competence Center (eCCC) fungiert als Schnittstelle zwischen den Fachabteilungen und der IT. IT-Dienstleistungen im Hard- und Software Bereich werden von einer konzerneigenen Gesellschaft, der TUI InfoTec, eingekauft. Sie ist als touristischer IT-Dienstleister innerhalb der TUI AG aufgestellt.[144] Das eCCC entwickelt in Abstimmung mit den Fachabteilungen die technischen Konzepte, Designvorlagen und Styleguides, die im Zusammenhang mit den Online-Auftritten der Internet-Präsenzen benötigt werden und gibt diese an die IT weiter. Sie überwacht die Umsetzung der an die IT gestellten Aufgaben und kontrolliert das daraus resultierende Arbeitsergebnis. Die Abteilung Admin & Finance zeichnet sich für die Finanzbuchhaltung und das zentrale Unternehmens-Controlling sowie der Beschaffung und Bereitstellung aller betriebsnotwendigen Gegenstände und zur Klärung von Rechtsfragen verantwortlich. Das Fulfillment & Quality-Management ist zuständig für die Planung, Steuerung und Kontrolle der Auftragsabwicklung der betriebenen Internetpräsenzen in Abstimmung mit den Fachabteilungen Sales & Content Management, Marketing und eCCC. Mit der Durchführung der Auftragsabwicklung ist die Abteilung Fulfillment TUI.de der TUI 4U GmbH beauftragt (siehe

---

[144] Vgl.: TUI InfoTec (2003)

Kapitel 5.2.2). Die Marketing Abteilung plant, steuert und kontrolliert alle verkaufsfördernden Maßnahmen. Die Aufgabe des Projektcontrolling der unternehmenseigenen Projekte übernimmt die Abteilung Programm-Management. Das Sales & Content-Management ist für die Inhalte auf den Webseiten der Internet-Präsenzen und der damit zusammenhängenden Produktsteuerung verantwortlich.

Die nach außen dargestellten E-Commerce Aktivitäten der TUI interactive GmbH werden durch die elektronische Beschaffung von Reiseleistungen über Computer-Reservierungs-Systeme (CRS) der Reiseveranstalter und durch die damit gekoppelten internen elektronischen Prozesse zum klassischen E-Business ergänzt (siehe Abbildung 11).

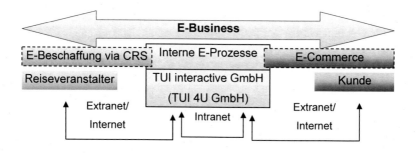

Abbildung 11: E-Business Übersicht der TUI interactive GmbH und TUI 4U GmbH. Quelle: Erstellt vom Verfasser.

5.2. Unternehmensportrait der TUI 4U GmbH

5.2.1. Unternehmen und Geschäftszweck

Die TUI 4U GmbH mit Hauptsitz in Bremen ist auch eine hundertprozentige Tochtergesellschaft der TUI Deutschland GmbH. Zum Kerngeschäft gehören neben der Tätigkeit als Consolidator (Großhändler für Flugtickets) das eCommerce Fulfillment sowie Call Center Dienstleistungen. Eine Helpdesk-Betreuung für Reisebüros und ein umfangreiches Flugdatenbankmanagement runden das Angebot der TUI 4U GmbH ab.

Mit ca. 140 Mitarbeitern betreibt die TUI 4U GmbH Call Center und Service Büros in Bremen, Osnabrück, München, Stuttgart und Hamburg. Die Kernkompetenz liegt in der Touristik und im Bereich Linienflug. Ende 2001 wurde die TUI 4U GmbH u.a. aus bekannten Firmen wie Sparflug, Flugmarkt und A&B Reisen gegründet.[145]

Im Rahmen eines Dienstleistungsvertrages mit der TUI interactive GmbH stellt die TUI 4U GmbH als Erfüllungsgehilfe ihre Kompetenz dauerhaft als Fulfillment Dienstleister der erfolgreichen Webpräsenz von TUI.de in vielfältigen Bereichen der Touristik und der technischen Abwicklung zur Verfügung.

5.2.2. Organisation und Aufbau

Die TUI 4U GmbH ist als Stablinienorganisation mit zentralen Stabstellen aufgestellt. Sie wird von zwei Geschäftsführern geleitet. Die Geschäftsführung ist in 2 Zuständigkeitsgebiete: Marketing & Vertrieb und Kaufmännische Geschäftsführung, aufgeteilt. Den Geschäftsführern sind jeweils unterschiedliche Unternehmensbereiche bzw. Fachabteilungen zugeordnet (siehe Abbildung 12).

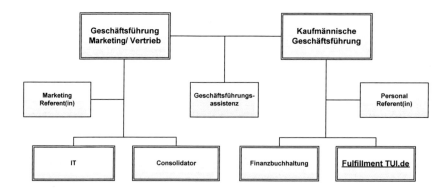

Abbildung 12: Organigramm der TUI 4U GmbH. Quelle: Erstellt vom Verfasser, in Anlehnung an interne Unterlagen der TUI 4U GmbH.

---

[145] Vgl.: TUI 4U (2003)

Der Unternehmensbereich Consolidator ist zuständig für alle Aktivitäten, die mit dem Einkauf und Verkauf von Flugtickets aus Großkontingenten zusammenhängen. Die IT zeichnet sich für die Beschaffung, Bereitstellung, Implementierung und Wartung von betriebsnotwendiger Hard- und Software verantwortlich. Alle buchhalterischen Tätigkeiten und das zentrale Unternehmens-Controlling werden von der Finanzbuchhaltung geleistet. Die Abteilung Fulfillment TUI.de ist mit der Durchführung der Auftragsabwicklung für die von der TUI interactive GmbH betriebenen Internet-Präsenzen, insbesondere TUI.de, beauftragt.

5.3. Eingliederung des Geschäftsprozessmanagements in die Unternehmensorganisation der TUI interactive GmbH

Geschäftsprozessmanagement wird bei der TUI interactive GmbH in Form von „Prozessteams aus funktionalen Spezialisten" umgesetzt (siehe Kapitel 3.4.1.1). Auf diese Weise wird die vorherrschende funktionale Struktur der TUI interactive GmbH nicht in Frage gestellt, und die Aufbauorganisation bleibt in ihrer grundsätzlichen Gestalt bestehen.

Die Prozessteams leben das Geschäftsprozessmanagement im Rahmen der Planung, Steuerung und Kontrolle von spezifischen Optimierungsprojekten. Diese haben die Optimierung hinsichtlich der Verbesserung der Qualität, Senkung sämtlicher Kosten, Verkürzung der Bearbeitungszeiten und Steigerung der Kundenzufriedenheit zum Gegenstand.

Die Teams setzen sich je nach Projekt aus den Mitarbeitern der einzelnen Fachabteilungen eCCC, Admin & Finance, Fulfillment & Quality-Management, Marketing und Sales & Content-Management sowie aus Mitarbeitern von konzerneigenen Gesellschaften, wie z.B. TUI InfoTec GmbH, Konzernrechtsbereich der TUI AG, oder teils auch aus Mitarbeitern von spezialisierten externen Firmen, zusammen.

Zur konkreteren Betrachtung der Umsetzung des Geschäftsprozessmanagements wird die Abteilung Fulfillment & Quality-Management der TUI interactive GmbH, für die der der Autor dieser Arbeit arbeitet, näher beleuchtet.

5.4. Umsetzung des Geschäftsprozessmanagements im Bereich Fulfillment

Die Abteilung Fulfillment & Quality-Management der TUI interactive GmbH ist zuständig für die Planung, Steuerung und Kontrolle des Geschäftsprozesses der Auftragsabwicklung. Für die Durchführung des Auftragsabwicklungsprozesses ist die Abteilung Fulfillment TUI.de der TUI 4U GmbH verantwortlich.

Hauptaufgaben bei der Planung, Steuerung und Kontrolle des Auftragsabwicklungsprozesses sind die Senkung der Auftragsabwicklungskosten (Fulfillment-Kosten), die Verkürzung der Bearbeitungszeiten von Vorgängen und die Steigerung der Qualität durch Fehlervermeidung und Transparenz im Auftragsabwicklungsprozess. Aus interner Betrachtung sollen auf diese Weise Kosten gespart sowie die Arbeitslast für die Mitarbeiter im Auftragsabwicklungsprozess gesenkt und aus externer Sicht die Kundenzufriedenheit gesteigert werden.

5.4.1. Aufgabenträger im Auftragsabwicklungsprozess

5.4.1.1 Prozessverantwortliche

Geschäftsprozessverantwortlich für den Auftragsabwicklungsprozess ist der funktionale Leiter der Abteilung Fulfillment & Quality-Management der TUI interactive GmbH. Ihm obliegt die Verantwortung für die Gestaltung, den Ablauf und die Ergebnisse des Geschäftsprozesses sowie die Erreichung der Prozessziele. Die Verantwortung für viele Teilprozesse delegiert der Leiter an die beiden Mitarbeiter in seiner Abteilung, die für die Gestaltung, Ablauf, Ergebnis und Zielerreichung ihrer Teilprozesse verantwortlich sind. Zwischen dem Geschäftsprozessverantwortlichen und den Teilprozessverantwortlichen herrscht ein ständiger Abstimmungsprozess, um die Entwicklungen innerhalb des Fulfillment-Bereiches transparent zu halten.

Für den speziellen Bereich Fulfillment TUI.de ist der Leiter der gleichnamigen Abteilung der TUI 4U GmbH teilprozessverantwortlich. Dieser steht mit dem Geschäftsprozessverantwortlichen der TUI interactive GmbH im ständigen Kontakt zur Abstimmung des Ablaufes und der Klärung von fachspezifischen Problemen.

Die Geschäftsbeziehung zwischen der TUI interactive GmbH und der TUI 4U GmbH ist detailliert in einem Dienstleistungsvertrag fixiert, in dem die Rechte, Pflichten und Aufgaben der Abteilungen (Fulfillment & Quality-Management und Fulfillment TUI.de) definiert sind.

Die Abteilung Fulfillment TUI.de der TUI 4U GmbH ist als klassisches Call Center ausgerichtet und besteht aus einem Front- und einem Back-Office. Die Call Center Agenten stellen die Prozessmitarbeiter dar, die von dem Teilprozessverantwortlichen (Leiter Fulfillment TUI.de) geführt, beraten und „gecoached" werden. Die Prozessmitarbeiter sind für die Erledigung der Prozess- und Arbeitsschritte verantwortlich. Dazu gehören u.a.: Beratung von Kunden am Telefon, Annahme und Durchführung von telefonischen Buchungen (Offline-Buchungen), Kontrolle und Zuführung von Kundendatenelementen bei Online-Buchungen, Versendung der Reisebestätigung, Versendung der Reiseunterlagen bei Agentur Inkasso Buchungen etc..

Das hinter der Reiseplattform www.tui.de stehende Workflow-Management-System mit dem Namen Virtuelle-Reise-Plattform (VRP) koordiniert und steuert neben den Prozessmitarbeitern eine Großzahl von Prozess- und Arbeitsschritten. Zwei Schnittstellen ermöglichen den Zugriff auf dieses Workflow-Management-System:

> Aus Kundensicht: Die Homepage www.tui.de, über welche der Kunde seine gebuchten, oder zusammengestellten nicht gebuchten Reiseleistungen in einem Warenkorb (Reiseplan) verwalten kann.
> Aus Mitarbeitersicht der Abteilung Fulfillment TUI.de: Das Agent-Working-System (AWS), über welches gebuchte und ungebuchte Reiseleistungen administrativ verwaltbar sind.

5.4.1.2 Prozessgremien

Das Management Team besteht aus den funktionalen Leitern der einzelnen Abteilungen und der Geschäftsführung der TUI interactive GmbH. Dieses Team hat die Aufgabe, abteilungs - und prozessübergreifende Fragen und Probleme zu lösen sowie Innovationen zu diskutieren und zu beschließen. Das Team trifft sich dazu wöchentlich zum so genannten „Jour Fixe" Meeting.

Für Probleme, Fragen und Neuerungen auf Arbeitsebene trifft sich ein Prozessteam, bestehend aus dem funktionalen Leiter der Fulfillment & Quality-Management Abteilung und seinen Mitarbeitern, dem funktionalen Leiter der Abteilung Fulfillment TUI.de und den dazugehörigen Teamleitern (Mentoren) sowie Trainern alle zwei Wochen zu einem „Jour Fixe" Meeting.

Die Prozessmitarbeiter der Abteilung Fulfillment TUI.de werden in regelmäßigen Abständen über Neuerungen in den Arbeitsabläufen, dem Einsatz neuer oder optimierter IuK-Technik etc., im so genannten „Permanenten-Mitabeiter-Training" (PMT) informiert und geschult. Die Inhalte dieser PMT's werden zur Informationserhaltung und Mitarbeiter spezifischen Unterstützung im gemeinschaftlichen Intranet der TUI interactive GmbH und TUI 4U GmbH, dem Agent-Information-System (AIS), veröffentlicht.

5.4.2. Funktionsübergreifende Bildung von Projektteams

5.4.2.1 Zusammensetzung der Projektteams

Zur Erneuerung und Optimierung von Teilprozessen, Prozess- und Arbeitsschritten des Auftragsabwicklungsprozesses werden Projektteams aus funktionalen Spezialisten der TUI interactive GmbH und Mitarbeitern anderer Firmen gebildet. Die Projektteams bestehen aus dem funktionalen Leiter (Geschäftsprozessverantwortlicher) und/ oder aus Teilprozessverantwortlichen der Abteilung Fulfillment & Quality-Management sowie bei Bedarf den funktionalen Leitern und/ oder Mitarbeitern der restlichen Fachabteilungen der TUI interactive GmbH. Mitarbeiter von weiteren konzerneigenen Gesellschaften und von externen Unternehmen werden ebenfalls nach Bedarf ausgewählt.

Die Erneuerungs- und Optimierungsprojekte sind im Auftragsabwicklungsbereich meist technischer Natur und beziehen sich auf die VRP, AIS oder andere technische Inhalte. Daher ist die Teilnahme an Projekten von Mitarbeitern der Abteilung eCCC äußerst wichtig, um als Schnittstelle zwischen Fach (Abteilung Fulfillment & Quality-Management) und der IT (TUI InfoTec GmbH) zu fungieren. Die Abteilung eCCC sorgt in den Projekten für die erforderliche enge Verzahnung mit der IT, um die IuK-Technik effizient einzusetzen. Die

Effizienz der Zusammenarbeit der Abteilungen Fulfillment & Quality-Management und eCCC gleicht dem Projekttyp II in der folgenden Tabelle (3).

Kriterium	Projekttyp I IT-Driven	Projekttyp II ORG-IT Balanced
Mitarbeiterbeteiligung	Hohe Beteiligung IT-Bereich geringe Beteiligung Fachbereiche	Hohe Beteiligung IT-Bereich & hohe Beteiligung Fachbereich
Veränderungsneigung insb. der Fachabteilung	Niedrig	Hoch
Kommunikationsbasis im Projekt	Systemfunktionalitäten	Prozessmodelle
Projektleitung: ➢ Gesamt ➢ Teilprojekte	➢ IT-Leitung ohne Durchgriffskompetenz ➢ IT-Modulverantwortliche	➢ IT-Leitung mit Durchgriffskompetenz ➢ Leiter Fachabteilung, Mitarbeiter Fachabteilung
Zusammensetzung Beraterteam	Ausschließlich Systemberater (IT)	Organisationsberater (Fach) und Systemberater (IT) im Team
Implementierungs-Fokus	Systemeinführung	Organisatorische Einführung neuer Abläufe und Systemeinführung

Tabelle 3: Projekttypisierung. Quelle: Vgl.: Bielert, Peter (2001), S. 422

5.4.2.2 Aufgaben der Projektteams

Die Projektteams haben die Aufgabe, die Teilprozesse, Prozess- und Arbeitsschritte zu identifizieren und zu gestalten. Abhängig vom Projektinhalt und den äußeren Rahmenbedingungen (konzernpolitische Vorgaben etc.), wird die Identifizierung teils nach dem „Bottom up" und teils nach dem „Top-down" Ansatz durchgeführt (vgl.: Kapitel 3.1.1). Zum besseren internen Verständnis und zur Weitergabe der Anforderungen an die IT werden für die Identifizierung und Gestaltung häufig Visualisierungswerkzeuge (GPO Tools), wie z.B. Visio (Microsoft), SmartDraw Professional (SmartDraw) und PowerPoint (Microsoft) eingesetzt.

Das Projektteam entwickelt aus dem Gestaltungsprozess eine Fachspezifikation, die bei Bedarf von der Abteilung eCCC um eine technische Spezifikation ergänzt wird. Diese Spezifikationen werden als Anforderung an die IT, über die Abteilung eCCC, weitergegeben.

Sobald die Teilprozesse, Prozess- und Arbeitsschritte gestaltet sind, legt das Projektteam in Zusammenarbeit mit dem Geschäftsprozessverantwortlichen die Leistungsparameter, Messgrößen und Zielgrößen für das Prozesscontrolling fest und stellt die Dokumentation für die zu erneuernden oder zu optimierenden Bereiche fertig.

Wenn die IT die Anforderung umgesetzt hat, folgt die Implementierung, die durch das Projektteam vorgenommen wird. Dazu werden im „Jour Fixe" des Management-Teams und im „Jour Fixe" des Prozessteams alle notwendigen Informationen übermittelt und Aufgaben verteilt. Die Prozessmitarbeiter werden vom Projektteam und den Trainern der TUI 4U GmbH im PMT auf die bevorstehenden technischen und damit meist auch organisatorischen Veränderungen geschult.

In dem folgenden Kapitel wird die Umsetzung des Geschäftsprozessmanagements im Rahmen der Bildung von Projektteams aus funktionalen Spezialisten beispielhaft anhand des sich in der Umsetzung befindlichen Projekts „Digitale Reisebestätigung" beschrieben.

6. Das Projekt „Digitale Reisebestätigung"

6.1. Idee

Das bisherige Reisebestätigungsverfahren für Reiseleistungen, die bei TUI.de gebucht werden, bei dem Reisebestätigung, Reisesicherungsschein und die Reisebedingungen des Reiseveranstalters auf postalischem Wege dem Kunden zugesandt werden, soll durch das Verfahren der „Digitalen Reisebestätigung" ersetzt werden.

Bei diesem Verfahren werden Reisebestätigung und Reisesicherungsschein digital abgespeichert. Der Kunde erhält via E-Mail elektronischen Zugriff auf Reisebestätigung, Reisesicherungsschein, Reisebedingungen des Veranstalters und den Allgemeinen Geschäftsbedingungen (AGB) der TUI interactive GmbH. Über eine Entscheidungsfrage, die als elektronische Unterschrift gilt, wickelt der Kunde das digitale Reisbestätigungsverfahren ab.

6.2. Gründe für das Projekt

Aus dem Spannungsfeld zwischen Kosten, Zeit, Qualität und Kundenzufriedenheit ergeben sich verschiedene Gründe, die zur Planung und Realisierung des Projekts „Digitale Reisebestätigung" führten:

6.2.1. Kostenersparnis

Eine der Hauptaufgaben der Abteilung Fulfillment & Quality-Management ist die Senkung des Fulfillmentkosten-Anteils am Umsatz. Eng damit verzahnt ist die Effizienzsteigerung in der Auftragsabwicklung. Um zu eruieren, ob sich das Projekt „Digitale Reisebestätigung" wirtschaftlich rentieren würde, wurde eine Kosten-/ Nutzenanalyse durchgeführt.

Zunächst wurde eine grobe Aufwandsschätzung der IT (siehe Tabelle 4), auf Grundlage der Fachspezifikation „Digitale Reisebestätigung", zur Ermittlung der voraussichtlichen Kosten erstellt.

	Geschätzte BT
1 Projektmanagement	40
2 Konzept	40
3 Implementierung Host	100-150
4 Implementierung VRP/AWS	100
5 Test/Einführung	50
6 Deployment	15

Gesammtaufwand	345-395*
Gesamtaufwand in €	270 T - 308 T

* inkl. des technischen Konzeptes
(40 BT --> 20 BT f. Hostumfeld + 20 BT f. VRP/AWS)

BT = Bearbeiter Tage / T = Tausend

Tabelle 4: Grobe Aufwandsschätzung seitens IT. Quelle: Fachspezifikation „Digitale Reisebestätigung". Erstellt von der TUI InfoTec GmbH.

Parallel dazu wurde der Nutzen im Rahmen eines mittelfristigen Nutzenplanes analysiert. Dadurch, dass die bisherige Reisebestätigung nicht mehr auf postalischem Wege an den Kunden geschickt werden müsste, ergeben sich erhebliche Einsparungen beim Porto, der Konfektionierungsgebühr und Arbeitszeiteinsparungen beim nicht mehr notwendigen Versand, der Ablage von Reisebestätigungen sowie von Recherche Arbeiten (siehe Tabelle 5). Die Kosten der einzelnen Posten wurden für die Folgejahre anhand der erwarteten Umsatzsteigerung ermittelt. Insgesamt würde durch dieses Projekt der Fulfillmentkosten-Anteil am Umsatz um 0,23% verbessert werden.

		2002	2003	2004	2005	Summe
	Umsatzsteigerung [1]		132%	72%	64%	2003-2005
Kosten in €	Porto [2]	16.536	38.364	65.985	108.216	212.565
	Konfektionierungsgeb. [3]	1.358	3.151	5.420	8.889	17.461
	Abwicklung-Versand [3]	21.261	49.325	84.838	139.135	273.297
	Ablage-Arbeit [3]	3.271	7.588	13.051	21.404	42.044
	Recherche-Arbeit [3]	2.835	6.577	11.312	18.551	36.440
Summe in €		45.260	105.004	180.607	296.195	581.806
Kumulierte Kostenersparnis in €		0	105.004	285.611	581.806	

[1] zum Vorjahr laut Plan
[2] mögliche Erhöhung Porto unberücksichtigt
[3] mögliche Steigerung des Verrechnungssatzes unberücksichtigt

Tabelle 5: Kostenoptimierung beim Einsatz der „Digitalen Reisebestätigung". Quelle: Fachspezifikation „Digitale Reisebestätigung". Erstellt vom Verfasser.

In den Jahren von 2003 – 2005 würde sich eine Prozesskostenersparnis von ca. 581.800 Euro ergeben (bei den angegebenen Daten handelt es sich um bereits abgezinste Beträge). Die Kosten für dieses Projekt würden im Jahr 2003 ca. 270.000 – 308.000 Euro betragen. Damit ergibt sich eine Ersparnis von ca. 273.800 – 311.800 Euro bis zum Jahr 2005. Die Investition in die Entwicklung der „Digitalen Reisebestätigung" würde sich also erheblich rentieren.

6.2.2. Verkürzung der Bearbeitungszeit

Durch die Einführung der „Digitalen Reisebestätigung" würden sich die Bearbeitungszeiten für Reisebestätigungen erheblich verkürzen. Es müssten keine Reisebestätigungen mehr gedruckt, in Briefumschläge verpackt und konfektioniert werden. Neben der Ablagearbeit der von Kunden unterschriebenen und zurückgeschickten Reisebestätigungen entfallen auch die in Problemfällen notwendigen Recherche Arbeiten. Neben den so gesparten Kosten würden die Mitarbeiter des Call Centers der TUI 4U GmbH enorm entlastet werden.

6.2.3. Steigerung der Bearbeitungsqualität

Durch Fehler, die von Call Center Agenten im bisherigen Reisebestätigungsverfahren begangen werden, kommt es gelegentlich vor, dass gedruckte Reisebestätigungen verwechselt und versehentlich dem falschen Kunden zugesendet werden. Aus technischen Gründen wird in wenigen Fällen der Druck der Reisbetätigung „verschluckt", wodurch der Kunde seine Reisebestätigung zu spät bekommt. Bei dem Verfahren der „Digitalen Reisebestätigung" können diese selten auftretenden Fehler präzise vermieden werden.

6.2.4. Steigerung der Kundenzufriedenheit

Die Call Center Agenten der TUI 4U GmbH führen in unregelmäßigen Abständen telefonische Umfragen mit unterschiedlichen Inhalten durch. Neben diesen telefonischen Umfragen werden auch Online-Umfragen auf www.tui.de durchgeführt. Aus beiden Umfragearten hat sich im Zeitablauf der Kundenwunsch herauskristallisiert, die Reisebestätigung sofort online (nach der Buchung) zu erhalten und, falls notwendig, elektronisch zu unterschreiben. Durch die elektronische Abwicklung und der verkürzten Abwicklungsdauer des Reisebestätigungsverfahrens sowie der Steigerung der Bearbeitungsqualität kann dem Kundenwunsch entsprochen werden.

6.3. Projektteam

Das Projektteam für das Projekt „Digitale Reisebestätigung" wurde aus Mitarbeitern der Abteilungen: Fulfillment & Quality-Management, eCCC und der Konzernrechtsabteilung der TUI AG gebildet. Projektleiter ist der Verfasser dieser Arbeit.

Aufgabe der Abteilung Fulfillment & Quality-Management ist bzw. war es, in enger Zusammenarbeit mit der Abteilung eCCC und mit phasenweiser Unterstützung der IT (TUI InfoTec GmbH) eine konkrete Fachspezifikation über den zu optimierenden Teilprozess der Reisebestätigung zu erstellen. Die Abteilung eCCC hatte die Aufgabe, nach Fertigstellung der Fachspezifikation, die daran gekoppelte technische Spezifikation zu entwickeln. Da in diesem Projekt relevante Vertragsbestandteile zwischen Reisemittler und Kunde berührt werden, wurde die Konzernrechtsabteilung der TUI AG involviert, um ein rechtssicheres Reisebestätigungsverfahren zu entwickeln.

6.4. Identifizierung des Teilprozesses der Reisebestätigung (IST-Zustand)

Um den Teilprozess der Reisebestätigung später optimierend über IuK-Technik gestalten zu können, muss dieser in seinem IST-Zustand zunächst identifiziert werden. Dazu muss erklärend vorangestellt werden, dass es Online-Buchungen und Offline-Buchungen im Bearbeitungskreis der Reisebestätigung gibt.

Online-Buchungen sind Buchungen, die der Kunde direkt über die Internetseite www.tui.de tätigt. Offline-Buchungen sind Buchungen, die aufgrund von telefonischen Anfragen oder Anfragen per E-Mail bzw. Fax von Kunden im Call Center der Abteilung   Fulfillment TUI.de der TUI 4U GmbH gebucht werden. Sowohl Online-Buchungen als auch Offline-Buchungen können über die Agent-

Working-System (AWS) Schnittstelle der Virtuellen-Reise-Plattform (VRP) von den Prozessmitarbeitern der Abteilung Fulfillment TUI.de administriert werden.

Bei der Beschreibung des IST-Zustandes soll sich an dieser Stelle auf die „verbale" Beschreibung beschränkt werden:

Für jede abgeschlossene, geänderte und stornierte Online- und Offline-Buchung wird zur Zeit eine Reisebestätigung gedruckt. Diese wird zusammen mit dem Reisesicherungsschein und den Reisebedingungen des Veranstalters postalisch an den Kunden gesandt.

Reisebestätigung bei Online-Buchungen
Bei einer Online-Buchung akzeptiert der Kunde das Angebot und die Reisebedingungen des Reiseveranstalters online, beim Buchen auf www.tui.de. Somit erhält der Kunde die Reisebestätigung nur zum Informationszweck und muss sie nicht unterschrieben zurückschicken.

Reisebestätigung bei Offline-Buchungen
Bei einer Offline-Buchung muss der Kunde die ihm zugesandte Reisebestätigung unterzeichnen und an die Abteilung Fulfillment TUI.de zurückschicken. Die Reisebestätigung muss zur Akzeptanz des Reiseangebotes und der Reisebedingungen des Veranstalters unterzeichnet werden. Nur so kann der rechtsgültige Reisevertrag geschlossen werden. Die unterschriebene Reisebestätigung wird anschließend von den Prozessmitarbeitern dem Ursprungsvorgang wieder zugeordnet und in der Ablage dokumentiert.

6.5. Gestaltung des Teilprozesses der Reisebestätigung (SOLL-Zustand)

Der zum größten Teil durch die Prozessmitarbeiter manuell abgearbeitete Teilprozess der Reisebestätigung soll nun digital über das Workflow-Management-System der Virtuellen-Reise-Plattform (VRP) abgebildet werden. Das Workflow-Management-System der VRP wird zukünftig also den gesamten Teilprozess der Reisebestätigung mit allen Prozess- und Arbeitsschritten durchführen und steuern.

6.5.1. Skizzierung des SOLL-Workflows der Reisebestätigung bei Online-Buchungen

Wenn ein Kunde online eine Reise über www.tui.de bucht, wird ihm vor Buchungsbeendigung online eine Entscheidungsfrage gestellt, ob er die ihm angebotene Reise und die Reisebedingungen des Veranstalters akzeptiert. Nur wenn er diese Frage mit JA (per Mausklick) beantwortet, ist der Reisevertrag rechtsgültig geschlossen, und die Buchung wird verbindlich durchgeführt.

Nachdem die Buchung getätigt ist, soll unmittelbar im Anschluss die Reisebestätigung mit Reisesicherungsschein für den Kunden generiert, diesem online präsentiert (druckbar) und digital an der Buchung gespeichert werden.

Der Kunde bekommt im Anschluss via E-Mail (Bestätigungsmail) einen Link zugesandt, über den er in den geschützten Online-Kundenbereich „myTUI" gelangt. Dort hat der Kunde die Möglichkeit, seine Reisebestätigung mit Reisesicherungsschein sowie die Reisebedingungen des Reiseveranstalters und die AGB der TUI interactive GmbH dauerhaft einzusehen. Die Abteilung Fulfillment TUI.de erhält gleichfalls eine E-Mail (Infomail) zur Information über die Beendigung des Reisebestätigungsprozesses.

6.5.2. Skizzierung des SOLL-Workflows der Reisebestätigung bei Offline-Buchungen

Nachdem ein Mitarbeiter der Abteilung Fulfillment TUI.de die Buchung für einen Kunden getätigt hat, wird; wie bei der Online-Buchung, eine digitale Reisebestätigung mit Reisesicherungsschein generiert und an der Buchung gespeichert.

Dem Kunden wird eine Bestätigungsmail mit Link auf seine Buchung im „myTUI" Bereich zugesendet. Über diesen Link gelangt der Kunde zur bereits generierten Reisebestätigung mit Reisesicherungsschein. Über eine dort platzierte Entscheidungsfrage, die per Mausklick beantwortet werden muss, bestätigt der Kunde die vom ihm gewünschte Reise und die Reisebedingungen des Veranstalters.

Danach bekommt der Kunde erneut eine Bestätigungsmail, die ihn über die entstandene Vertragsverbindlichkeit informiert und ihm via Link dauerhaft die Zugriffsmöglichkeit auf seine digital gespeicherte Reisebestätigung mit Sicherungsschein sowie auf die Reisebedingungen des Reiseveranstalters und die AGB der TUI interactive GmbH gibt. Die Abteilung Fulfillment TUI.de erhält eine Infomail zum Abschluss des Reisebestätigungsprozesses.

In Abbildung 13 wird der SOLL-Teilprozess der Reisebestätigung strukturiert mit seinen Prozess- und Arbeitsschritten dargestellt.

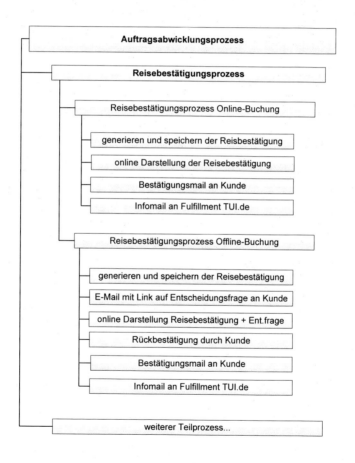

Abbildung 13: Strukturierung des Teilprozesses der Reisebestätigung. Quelle: Erstellt vom Verfasser.

Zur Veranschaulichung wird nachfolgend exemplarisch auf die Detail-Beschreibung des SOLL-Workflows der Reisebestätigung bei Online-Buchungen eingegangen. Auf eine detaillierte Darstellung des Reisebestätigungsprozesses bei Offline-Buchungen und Stornierungen soll hier aus Komplexitätsgründen verzichtet werden.

6.5.3. Detail-Beschreibung des SOLL-Workflows der Reisebestätigung bei Online-Buchungen

Für alle neu entwickelten Workflows, die im Zusammenhang mit dem Reisebestätigungsprozess stehen, wurden neben den „verbalen" Spezifikationen „Detail-Workflowschritte" Übersichten (siehe Abbildung 14) und „Detail-Flussdiagramme" (siehe Abbildung 16) in Form von erweiterten Ereignisgesteuerten-Prozess-Ketten angefertigt.

In den „Detail-Workflowschritte" Übersichten werden die einzelnen Prozessschritte mit ihren Arbeitsschritten, im Zusammenhang mit den involvierten Systemen (die VRP mit den Schnittstellen AWS und www.tui.de sowie CRS'e), erläuternd dargestellt. Diese neuen Prozess- und Arbeitsschritte haben Auswirkungen auf die gesamte Systemarchitektur. Es werden z.B. neue Stati für Reiseleistungen eingeführt (wie „gebucht-bestätigt", „gebucht-ZBI" etc.). Stati Änderungen dienen als Auslöser für Arbeitsschritte.

Dementsprechend wurden auch neue, webbasierte Arbeitsoberflächen für die Schnittstellen der VRP entwickelt, um die notwendigen, manuell auszuführenden Arbeitsschritte von Seite des Kunden und der von der Seite der Prozessmitarbeiter der Abteilung Fulfillment TUI.de, tätigen zu können.

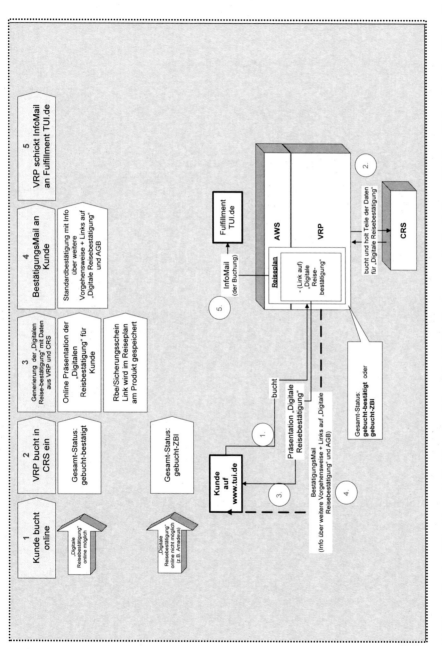

Abbildung 14: „Detail-Workflowschritte" Reisebestätigung bei Online-Buchungen. Quelle: Fachspezifikation „Digitale Reisebestätigung", erstellt vom Verfasser und von Ralf Pieper (Leiter Fulfillment & Quality-Management der TUI interactive GmbH).

Die in Abbildung 15 beispielhaft dargestellte Internetseite wird zukünftig, nach der Implementierung der „Digitalen Reisebestätigung", im geschützten Kundenbereich „myTUI" auf www.tui.de, für den Kunden verfügbar sein. Auf dieser Internetseite hat der Kunde dauerhaft die Möglichkeit, sich die Reisebestätigungen mit Reisesicherungsscheinen der gebuchten Reiseleistungen darstellen zu lassen und den Status der Reiseleistungen zu kontrollieren.

Abbildung 15: Übersicht über gebuchte Reiseleistungen mit Links zu den Reisebestätigungen mit Sicherungsscheinen. Quelle: Fachspezifikation „Digitale Reisebestätigung", erstellt vom Verfasser.

6.5.4. Detail-Flussdiagramm der Reisebestätigung bei Online-Buchungen

Anhand der „Detail-Flussdiagramme" werden die neu entwickelten, technisch relevanten Abläufe der Arbeitsschritte verdeutlicht. Sie zeigen der IT auf, welche Arbeitsschritte automatisch vom Workflow-Management-System der VRP und welche manuell vom Kunden bzw. von den Prozessmitarbeitern der Abteilung Fulfillment TUI.de getätigt werden müssen.

In den Rauten ist der jeweils eingetretene Zustand (Ereignis), in Form eines Status dargestellt. In den Rechtecken wird die jeweilige Funktion, die die Transformation von einem Eingangs-Zustand in den folgenden Ziel-Zustand bewirkt, angezeigt. Die Funktionen stellen hier die Arbeitsschritte dar. Die zeitlich-logischen Abhängigkeiten werden zwischen den Zuständen und den Funktionen durch die Pfeile beschrieben.

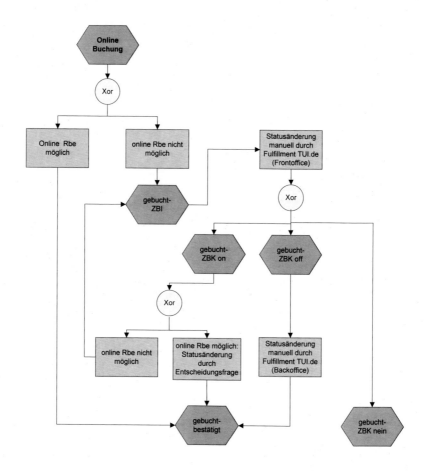

Abbildung 16: Detailliertes Flussdiagramm in Form einer eEPK für Reisebestätigungen bei Online-Buchungen. Quelle: Fachspezifikation „Digitale Reisebestätigung", erstellt vom Verfasser.

Die „verbalen" Spezifikationen, die „Detail-Workflowschritte" Übersichten, die „Detail-Flussdiagramme" und die neu entwickelten webbasierten Arbeitsoberflächen sowie erschöpfende Beschreibungen dazu, bilden die Basis der Fachspezifikation „Digitale Reisebestätigung". Aufgrund dieser Basis erstellt die Abteilung eCCC eine ergänzende technische Spezifikation, welche neben der Fachspezifikation als Anforderung an die IT zur Umsetzung gegeben wird.

Beide Spezifikationen dienen neben Meeting-Protokollen und weiterem Schriftverkehr als Prozessdokumentation des neu entwickelten Teilprozesses der Reisebestätigung.

In Abbildung 17 wird beispielhaft das Layout der ersten Seite einer digital erstellten Reisebestätigung dargestellt.

Abbildung 17: Layout (Seite 1) der „Digitalen Reisebestätigung. Quelle: Fachspezifikation „Digitale Reisebestätigung", erstellt vom Verfasser in Anlehnung an interne Unterlagen der TUI interactive GmbH, TUI InfoTec GmbH und der TUI Deutschland GmbH.

Die digital erstellten Reisebestätigungen mit Reisesicherungsscheinen werden im PDF-Format (Adobe Acrobat Reader) erstellt und dauerhaft an der gebuchten Reiseleistung gespeichert.

6.6. Implementierung der Digitalen Reisebestätigung

Sobald die IT die Anforderungen umgesetzt hat, hat die Abteilung Fulfillment & Quality-Management die Aufgabe, die von der IT neu entwickelte Softwarekomponente im Rahmen eines Fachbereichstest zu testen und in Zusammenarbeit mit der Abteilung eCCC die entdeckten Fehler an die IT weiterzugeben.

Sobald der Fachbereichstest abgeschlossen ist, kommt es zur Implementierung. Dazu werden zunächst sämtliche relevante Informationen und Aufgaben in den „Jour Fixe" Meetings an die verantwortlichen Mitarbeiter übergeben. Nachfolgend werden die Prozessmitarbeiter der Abteilung Fulfillment TUI.de der TUI 4U GmbH auf die neue technische und organisatorische Abwicklung des Reisebestätigungsverfahrens durch Mitglieder des Projektteams geschult. Zur weiteren Unterstützung der Prozessmitarbeiter werden detaillierte Arbeitsanleitungen und sachdienliche Hinweise, an geeigneter Stelle im Intranet platziert.

6.7. Planung, Steuerung und Kontrolle des Reisebestätigungsprozesses

Das Projektteam wird in Kürze mit dem Geschäftsprozessverantwortlichen für den Auftragsabwicklungsprozess Kennzahlen für den Teilprozess der Reisebestätigung festlegen. Da die Prozess- und Arbeitsschritte des Reisebestätigungsprozesses zukünftig größtenteils von dem Workflow-Management-System der VRP übernommen werden, sind aus diesem Umfeld spezifische Kennzahlen zu entwickeln.

Kennzahl für Prozesszeit

Beispielsweise könnte die durchschnittliche Generierungszeit der „Digitalen Reisebestätigung" (vom Anstoßzeitpunkt bis zum Präsentationszeitpunkt) über bestimmte Parameter (Weblogs) auf den relevanten Internetseiten gemessen werden. Für die einzelnen Generierungszeiten könnte täglich über interne

Systeme der TUI interactive GmbH automatisiert der Durchschnittswert errechnet und an geeigneter Stelle angezeigt werden.

Kennzahl für Prozessqualität

Die tägliche, wöchentliche oder monatliche Anzahl von Rückfragen per Telefon oder E-Mail in der Abteilung Fulfillment TUI.de, die sich auf die digital generierten Reisebestätigungen beziehen, könnten Hinweise auf mögliche Qualitätsmängel der „Digitalen Reisebestätigung" geben. Die Qualität könnte so hinsichtlich von Fehlern in der „Digitalen Reisebestätigung" oder im Generierungsprozess gemessen werden.

Kennzahl für Termintreue

Auch hier lässt sich anhand von speziellen Parametern (Weblogs) auf den Internetseiten messen, wie häufig in einem bestimmten Zeitraum die Generierung der „Digitalen Reisebestätigung" fehlschlägt.

Prozesskosten

Die Prozesskosten sinken (siehe Kapitel 6.2.1) erheblich und werden fast gegen Null tendieren. Hier ist allerdings zu beobachten, ob und in welchem Maße sich die Speicherkosten (für die Speicherung der „Digitalen Reisebestätigungen") verändern.

Kundenzufriedenheit

Die Kundenzufriedenheit wird weiterhin durch unregelmäßige Umfragen durch die Prozessmitarbeiter im Call Center der Abteilung Fulfillment TUI.de und durch Online-Umfragen auf www.tui.de ermittelt.

Für die einzelnen Kennzahlen werden, soweit möglich, SOLL-Werte festgelegt. Die Kontrolle der Kennzahlen wird dezentral durch die Abteilung Fulfillment & Quality-Management durchgeführt. Bei erheblichen Abweichungen von den SOLL-Werten wird zunächst von der Abteilung Fulfillment & Quality-Management eine Ursachenanalyse durchgeführt und folgend eine Fach-Anforderung über die Abteilung eCCC an die IT, zur Behebung des Problems gestellt. Diese Anforderungen werden in ein speziell dafür eingerichtetes, webbasiertes Fehler/Anforderungs-Management-Tool namens „BugZilla" eingestellt und administriert. Mit diesem Werkzeug lässt sich die gesamte Kommunikation zu den Anforderungen transparent gestalten und der Stati der Anforderungen überprüfen.

6.8. Allgemeines Berichtswesen im Fulfillment Bereich

Die Abteilung Fulfillment & Quality-Management erstellt jeden Monat einen allgemeinen Bericht der Fulfillment übergreifend, relevante Kennzahlen und Hintergrundinformationen unternehmensintern publiziert. Zu den Kennzahlen gehören zum heutigen Zeitpunkt u.a.:

➢ Fulfillment-Kosten-Anteil am direkt vermittelten Umsatz pro Monat und Jahr,
➢ Anzahl der abgewickelten Buchungen pro Monat und Jahr,
➢ Kundenkontakte differenziert nach E-Mail, Telefon und Fax im Verhältnis, zu Buchungen (contact-to-book-ratio) pro Monat und Jahr
➢ etc.

Diese Kennzahlen werden im Zeitablauf nach Jahren und Monaten verglichen und lassen so Rückschlüsse auf die Entwicklung des Fulfillment-Bereiches zu.[1] Bei gravierenden Abweichungen von den mit der Geschäftsführung entwickelten Planwerten, werden in den „Jour Fixe" Meetings des Managements die Abweichungsursachen analysiert sowie Anpassungsmaßnahmen entwickelt und beschlossen.

Neben diesem Monatsbericht werden durch die Abteilung Fulfillment & Quality-Management täglich, spezifische Kennzahlen für jede von der TUI interactive GmbH betriebene Internet-Präsenz im Intranet eingestellt, wie:

➢ Umsatz pro Tag,
➢ Anzahl der Buchungen pro Tag,
➢ Page Impressions pro Tag,
➢ Visits pro Tag
➢ etc.

---

[1] Fulfillment Monatsbericht (2003)

Auch diese Kennzahlen unterliegen einem ständigen Monitoring. Bei zeitlich länger andauernden oder punktuell erheblichen Abweichungen werden ebenfalls die Abweichungsursachen durch das Management-Team und das Prozess-Team analysiert und Gegenmaßnahmen eingeleitet.

6.9. Leistungssteigerung im Reisebestätigungsprozess

Die Leistungssteigerung im Reisebestätigungsprozess beschränkt sich, solange sich am reiserechtlichen Hintergrund nichts verändert, auf die Methoden der Prozessverbesserung (vgl. Kapitel 4.5.2): GPO und KVP. Nur wenn sich das Reiserecht ändern würde und beispielsweise keine „händische" oder elektronische Unterschrift vom Kunden erforderlich wäre, könnte der Reisebestätigungsprozess über die Methode des BPR erneuert werden. Diese Erneuerung könnte z.B. in der Form der gekoppelten elektronischen Lieferung der Reiseunterlagen (Tickets, Fahrkarten etc.) mit der Reisebestätigung vorgenommen werden. So könnten 2 Teilprozesse zu einem verschmelzen.

Das Projekt „Digitale Reisebestätigung" wurde nach der Methode der GPO geplant und bis zum heutigen Stand durchgeführt. Der Geschäftsprozessverantwortliche der Abteilung Fulfillment & Quality-Management hat den Verfasser dieser Arbeit mit der Aufgabe betraut, den bestehenden manuellen Reisebestätigungsprozess in das Workflow-Management-System der VRP zu integrieren und durch dieses steuern zu lassen.

Weiterhin wird das mittlere Management in Form von Geschäftsprozessverantwortlichen und Teilprozessverantwortlichen aktiv nach Optimierungsmöglichkeiten suchen. Sollten lohnende Optimierungsmöglichkeiten im Reisebestätigungsprozess oder in anderen Teilprozessen des Auftragsabwicklungsprozesses gefunden werden, würde ein ähnlicher Projektablauf wie der der „Digitalen Reisebestätigung" zur Realisierung dieser Optimierungsmöglichkeiten führen.

Der Geschäftsprozess der Auftragsabwicklung mit seinen Teilprozessen, Prozess- und Arbeitsschritten wird dauerhaft nach der Methode des Kontinuierlichen-Verbesserungs-Prozesses optimiert. Insbesondere nach der Implementierung von optimierten Teilprozessen (nach GPO Methode) erfolgt ein verstärkter Kontinuierlicher-Verbesserungs-Prozess. Dieser wird vor allem durch die Prozessmitarbeiter durchgeführt.

Die Prozessmitarbeiter stoßen im Tagesgeschäft, auf Ebene der Prozess- und Arbeitsschritte, auf Schwachstellen, Probleme und Fehler. Diese werden, neben von den Prozessmitarbeitern vorgeschlagenen Lösungsmöglichkeiten, über ein im Intranet integriertes Werkzeug (ein strukturiertes Problem-Melde-Tool) an den Geschäftsprozessverantwortlichen und an die Teilprozessverantwortlichen gemeldet.

Die Prozessverantwortlichen analysieren nachfolgend den Sachverhalt und entwickeln ein Konzept zur Lösung des Problems. Bei technischen Problemen werden die Konzepte über das Fehler/Anforderungs-Management-Tool „BugZilla" an die Abteilung eCCC zur Behebung durch die IT eingestellt. Bei organisatorischen Problemen kümmert sich der Teilprozessverantwortliche, Leiter der Abteilung Fulfillment TUI.de, in Absprache mit dem Geschäftsprozessverantwortlichen, um organisatorische Lösungsmöglichkeiten.

6.10. Status des Projekts „Digitale Reisebestätigung"

Die Fachspezifikation „Digitale Reisebestätigung" ist nach diversen Abstimmungs-Meetings mit der Abteilung eCCC, zusammen mit der technischen Spezifikation bei der IT, Mitte des Jahres 2003 eingereicht worden. Durch interne Projekte wurde die Umsetzung und Implementierung der „Digitalen Reisebestätigung" auf das erste Quartal 2004 verschoben.

7. Ausblick

Für die TUI interactive GmbH ist das angewandte Geschäftsprozessmanagement ein Erfolg versprechender Weg, die heutigen und zukünftigen Herausforderungen zu bewältigen. Nachhaltige Steigerungen der Produktivität und der Kundenzufriedenheit lassen sich nur durch die konsequente Anwendung des Geschäftsprozessmanagements erreichen. Eine noch stärkere Ausrichtung an Geschäftsprozessen ließe sich bei der TUI interactive GmbH durch die Bildung einer prozessorientierten Primärstruktur der Unternehmensorganisation zuwege bringen. So könnte die Wettbewerbsposition der TUI interactive GmbH noch besser gestärkt und Ihre Zukunft gesichert werden.

8. Quellenverzeichnis

Bielert, Peter Einführung in die computergestützte Geschäftspro-
zessmodellierung, Skript zur Vorlesung im WS
2002/03, Universität Hamburg **2002**

Bielert, Peter Partizipative und wertschöpfungsorientierte Geschäftsprozessgestaltung, in: Jahnke, Bernd/ Wall,
Frederike (Hrsg.): IT-gestützte betriebswirtschaftli-
che Entscheidungsprozesse, Wiesbaden **2001**, S.
413-428

Bielert, Peter/ West- Qualitätscontrolling in Prozessen, in: Qualität und
phal, Beatrix/ Keil, Zuverlässigkeit, Heft 3, München 1999, S. 294-298
Karsten

Bogaschewsky, Electronic Procurement – Neue Wege der Beschaf-
Ronald fung, in Bogaschewsky, Ronald (Hrsg.): Elektronischer Einkauf: Erfolgspotentiale, Praxisanwendun-
gen, Sicherheits- und Rechtsfragen, Gernsbach
1999, S. 13-40

Brandstetter, Cle- E-Business im Vertrieb – Potentiale erkennen,
mens/ Fries, Marc Chancen nutzen – von der Strategie bis zur Umsetzung, Hanser Verlag, München **2002**

Chrobok, Reiner/ Geschäftsprozessorganisation – Vorgehensweise
Tiemeyer, Ernst und unterstützende Tools, in: Zeitschrift Führung +
Organisation, Heft 3, Stuttgart **1996**, S. 165-172

Corsten, Hans Geschäftsprozessmanagement – Grundlagen,
Elemente und Konzepte, in Corsten, Hans (Hrsg.):
Management von Geschäftsprozessen – theoreti-
sche Ansätze – praktische Beispiele, Kohlhammer
Verlag, Stuttgart **1997**, S. 11-49

Diekenbrock, Jochen TUI InfoTec GmbH, diverse mündliche Auskünfte in
2003

Dinger, Hans	E-Business: Gedanken zum Einfluss auf Politik und Struktur eines Unternehmens, in Berndt, Ralph (Hrsg.): E-Business Management (Band 8), Springer Verlag, Berlin **2001**, S. 31-39
E-Commerce-Center Handel	Die Begriffe des eCommerce, in E-Commerce-Center Handel, Frankfurter Allgemeine Zeitung GmbH, Frankfurt/ Main **2001**
Freidinger, Robert	Geschäftsprozesse im Unternehmen, **2002**, am 24.06.2003, 10:18 Uhr, von URL: http://www.freidinger.de/GP/gpkap1u2.doc
Friedrich, Werner/ Schmelzer, Hermann J.	Integriertes Prozess-, Produkt- und Projektcontrolling, in Horvath, Peter/ Reichmann, Thomas (Hrsg.): Controlling – Zeitschrift für erfolgsorientierte Unternehmensführung, Vahlen Verlag, München **1997**, Heft 6, S. 334-343
Fries, Stefan/ Seghezzi, Hans Dieter	Entwicklung von Messgrößen für Geschäftsprozesse, in: Horvath, Peter/ Reichmann, Thomas (Hrsg.): Controlling – Zeitschrift für erfolgsorientierte Unternehmensführung, Vahlen Verlag, München **1994**, Heft 6, S. 338-345
Fritz, Wolfgang	TUI InfoTec GmbH, diverse mündliche Auskünfte in **2003**
Fulfillment Monatsbericht	Fulfillment Monatsbericht der TUI interactive GmbH, September **2003**
Gaitanides, Michael	Business Reengineering / Prozessmanagement – von der Managementtechnik zur Theorie der Unternehmung, in: Betriebswirtschaft, Heft 3, Stuttgart **1998**, S. 369-381
Gaitanides, Michael/ Scholz, Rainer/ Vrohlings, Alwin	Prozessmanagement – Grundlagen und Zielsetzungen, in Gaitanides, Michael/ Rainer, Scholz/ Vrohlings, Alwin/ Raster, Max (Hrsg.): Prozessmanagement – Konzepte, Umsetzungen und Erfahrungen

	des Reengineering, Hanser Verlag, München **1994**, S. 1-19
Gerpott, Torsten/ Wittkemper, Gerd	Der Ansatz von Booz, Allen & Hamilton, in Nippa, Michael/ Picot, Arnold (Hrsg.): Prozessmanagement und Reengineering – die Praxis im deutschsprachigen Raum, 2. Aufl., Campus Verlag, Frankfurt **1996**, S. 144-163
Gerstner, Manfred	CASE Tools, **2003**. Am 27.08.2003, 10:47 Uhr von URL: http://www.e-technik.fhmuenchen.de/fb/ prof/gerstner /EH713/themen/case_tools.html
Griese	Betriebliche Geschäftsprozesse, **2003**, Dr. Griese (Vorlesungsmaterial), am 11.08.2003, 13:14 Uhr, von URL: http://mypage.bluewin.ch/stadli/Bwl1.doc
Gronau, Norbert	Modellierung und Analyse wissensintensiver Geschäftsprozesse in der Verwaltung. Vortrag an der Universität Potsdam, **2003**, am 27.08.2003, 11:47 Uhr, von URL: http://www-wi.informatik.uni-oldenburg.de/ homepage/oldenburg.nsf/0/bfb05bea5fa7d7acc 1256ce200569038/$FILE /Vortrag%20WI-2003-02.pdf
Hammer, Michael/ Champy, James	Business Reengineering: Die Radikalkur für das Unternehmen, 5. Auflage, Frankfurt **1995**
Hermanns, Arnold/ Sauter, Michael	Electronic Commerce – Grundlagen, Potentiale, Markteilnehmer und Transaktionen, in Hermanns, Arnold/ Sauter, Michael (Hrsg.): Management Handbuch – Electornic Commerce, Vahlen Verlag, München **1999**, S. 13-116
Horvath, Peter/ Mayer, Reinhold	Prozesskostenrechnung – Der neue Weg zu mehr Kostentransparenz und wirkungsvolleren Unternehmensstrategien, in Horvath, Peter/ Reichmann,

Thomas (Hrsg.): Controlling – Zeitschrift für erfolgsorientierte Unternehmensführung, Vahlen Verlag,
München **1989**, Heft 4, S. 214-219

Huber, Heinrich/ Geschäftsprozesse im World Wide Web, in REFA
Thomann, Frank Bundesverband e.V. Verband für Arbeitsgestaltung,
Betriebsorganisation und Unternehmensentwicklung
(Hrsg.): Unternehmensentwicklung und Industrial
Engineering, Heft 1, Februar 2000, Roetherdruck,
Darmstadt **2000**, S. 111-115

Huber, Heinrich/ Geschäftsprozessmanagement – Prinzipien und
Poestges, Axel Werkzeuge für ein erfolgreiches Gestalten von
Geschäftsprozessen, in Corsten, Hans (Hrsg.):
Management von Geschäftsprozessen – theoreti-
sche Ansätze – praktische Beispiele, Kohlhammer
Verlag, Stuttgart **1997**, S. 75-93

Hudetz, Kai Internet, E-Business, E-Commerce – Fakten und
Trends, in Müller-Hagedorn, Lothar (Hrsg.): Handel
im Fokus – Mitteilungen des III, Heft III, August
2002, S. 216-227

Kressel, Dietrich Konzernrecht, TUI AG, diverse mündliche Auskünfte
in **2003**

Kreuz, Werner „Transforming the Enterprise" Die nächste Generati-
on des Business Process Engineering, in Nippa,
Michael/ Picot, Arnold (Hrsg.): Prozessmanagement
und Reengineering – die Praxis im deutsch-
sprachigen Raum, 2. Aufl., Campus Verlag, Frankfurt **1996**, S. 93-107

LEGAmedia KAIZEN, **2003**. Am 12.06.2003 12:47 Uhr, von URL:
http://www.legamedia.net/lx/result/match
/a8eb65dd44e559a3691a7f63a13254f4/index.php

Loosen van, Michael Leiter Internet Service Center, TUI4U GmbH,
diverse mündliche Auskünfte in **2003**

Maier, Klaus-Dieter/ Laib, Peter	Prozessoptimierung – Besser, kostengünstiger, schneller und kundennäher - , in Corsten, Hans (Hrsg.): Management von Geschäftsprozessen – theoretische Ansätze – praktische Beispiele, Kohlhammer Verlag, Stuttgart **1997**, S. 97-120
Mattes, Frank	Electronic Business to Business: E-Commerce mit Internet und EDI, Stuttgart **1999**
Nippa, Michael	Bestandsaufnahme des Reengineering-Konzeptes – Leitgedanken für das Management, in Nippa, Michael/ Picot, Arnold (Hrsg.): Prozessmanagement und Reengineering – die Praxis im deutschsprachigen Raum, 2. Aufl., Campus Verlag, Frankfurt **1996**, S. 61-75
NorCom AG	Geschäftsprozess-Management, **2003**, am 16.06.2003 09:38 Uhr von URL: http://www.norcom.de/english/services /download/Geschaeftsprozess-Management.pdf
Osthus	ERP-Systeme, 2003. Am 23.07.2003, um 15:47 Uhr von URL: http://www.osthus.de/Service/ Glossar/ERP
Peters, Ralf	E-Commerce, Skript zur Vorlesung SS2002/ Universität Hamburg, **2002**
Picot, Arnold	Prozess- versus Funktionsorientierung, Universität München **2002**, am 23.06.2003 11:00Uhr, von URL: http://www.iuk.bwl.uni-muenchen.de/forschung/ veroeffentlichungen/picot/vortraege/ versicherungswirtschaft_folien.pdf
Picot, Arnold/ Franck, Egon	Prozessorganisation. Eine Bewertung der neuen Ansätze aus Sicht der Organisationslehre, in Nippa, Michael/ Picot, Arnold (Hrsg.): Prozessmanagement

| | und Reengineering – die Praxis im deutsch-sprachigen Raum, 2. Aufl., Campus Verlag, Frankfurt **1996**, S. 13-37 |

Pieper, Ralf

Leiter Fulfillment, TUI interactive GmbH, diverse mündliche Auskünfte in **2003**

Renner, Thomas/ Lebender, Markus/ Klett, Holger

Fraunhofer Institut -Arbeitswirtschaft und Organisation, E-Business Jahrbuch **2003**, am 04.06.2003 15:58 Uhr von URL: http://www.e-business.iao. fhg.de/Publikationen/e-businessjahrbuchdl.html

Scheer, August/ Breitling, Markus

Geschäftsprozesscontrolling im Zeitalter des E-Business, in Horvath, Peter/ Reichmann, Thomas (Hrsg.): Controlling – Zeitschrift für erfolgsorientierte Unternehmenssteuerung, 12. Jahrgang 2000/ Heft 8/9, Vahlen und C.H. Beck Verlag, München/ Frankfurt **2000**, S. 397-402

Scheer, August/ Zimmermann, Volker

Geschäftsprozessmanagement und integrierte Informationssysteme: Prozessmodellierung, Referenzmodelle und Softwaretechnologien, in Töpfer, Armin (Hrsg.): Geschäftsprozesse - analysiert und optimiert, Luchterhand Verlag, Berlin **1996**, S. 267-286

Schinzer, Heiko

E-Business – Bedeutung im Management, in Pepels, Werner (Hrsg.): E-Business-Anwendungen in der Betriebswirtschaft, aus der Reihe: Unternehmens- und Beratungspraxis, Verlag neue Wirtschafts-Briefe, Herne/Berlin **2002**, S. 11-35

Schmelzer, Hermann J./ Sesselmann Wolfgang

Geschäftsprozessmanagement in der Praxis, 3. Aufl., Hanser Verlag, München **2003**

Schmelzer, Hermann/ Sesselmann, Wolfgang

Controlling in Geschäftsprozessen: Erfahrungen und Empfehlungen aus der Praxis, in Kostenrechnung Praxis, Wiesbaden **2001**, Heft 6, S. 329-335

Schneider, Dirk/ Schnetkamp, Gerd	E-Markets – B2B Strategien im Electronic Commerce, Gabler Verlag, Wiesbaden **2000**
Scholz, Rainer	Geschäftsprozessoptimierung – Crossfunktionale Rationalisierung oder strukturelle Reorganisation, 2. Aufl., Eul Verlag, Köln **1993**
Scholz, Rainer/ Vrohlings, Alwin	Realisierung von Prozessmanagement, in Gaitanides, Michael/ Rainer, Scholz/ Vrohlings, Alwin/ Raster, Max (Hrsg.): Prozessmanagement – Konzepte, Umsetzungen und Erfahrungen des Reengineering, Hanser Verlag, München **1994/1**, S. 21-36
Scholz, Rainer/ Vrohlings, Alwin	Prozess-Struktur-Transparenz, in Gaitanides, Michael/ Rainer, Scholz/ Vrohlings, Alwin/ Raster, Max (Hrsg.): Prozessmanagement – Konzepte, Umsetzungen und Erfahrungen des Reengineering, Hanser Verlag, München **1994/2**, S. 37-56
Scholz, Rainer/ Vrohlings, Alwin	Prozess-Leistungs-Transparenz, in Gaitanides, Michael/ Rainer, Scholz/ Vrohlings, Alwin/ Raster, Max (Hrsg.): Prozessmanagement – Konzepte, Umsetzungen und Erfahrungen des Reengineering, Hanser Verlag, München **1994/3**, S. 58-98
Scholz, Rainer/ Vrohlings, Alwin	Prozess-Redesign und kontinuierliche Prozessverbesserung, in Gaitanides, Michael/ Rainer, Scholz/ Vrohlings, Alwin/ Raster, Max (Hrsg.): Prozessmanagement – Konzepte, Umsetzungen und Erfahrungen des Reengineering, Hanser Verlag, München **1994/4**, S. 99-122
Schuh, Günther	Business Engineering : Geschäftsbereiche gestalten, Geschäftsprozesse optimieren, in: Industrie-Management, Heft 18, Berlin **2002**, S. 56-60
Siemens AG	Geschäftsbericht **2001**, am 20.06.2003 13:58 Uhr, von URL: http://w4.siemens.de/geschaeftsbericht _2001/assets/geschaeftsbericht_2001.pdf

Sommerlatte, Tom	Lernprozesse als optimale Voraussetzung für Geschäftsprozesse, in Töpfer Armin (Hrsg.): Geschäftsprozesse - analysiert und optimiert, Luchterhand Verlag, Berlin **1996**, S. 53-76
Sommerlatte, Tom/ Wedeking, E.	Leistungsprozesse und Organisationsstruktur, in A.D. Little (Hrsg.): Management der Hochleistungsorganisation, Gabler Verlag, Wiesbaden **1990**
Steimer, Fritz	Mit eCommerce zum Markterfolg, aus der Reihe Business and Computing, Addison-Wesley Verlag, München **2000**
Tiemeyer, Ernst	Werkzeuge zur Geschäftsprozessoptimierung – Nutzen, Einsatzkonzepte und Auswahl von GPO-Tools, in REFA Bundesverband e.V. Verband für Arbeitsgestaltung, Betriebsorganisation und Unternehmensentwicklung (Hrsg.): Unternehmensentwicklung und Industrial Engineering, Heft 1, Februar 2000, Roetherdruck, Darmstadt **2000**, S. 99-110
Töpfer, Armin	Das neue Denken in Geschäftsprozessen (S. 1-22); Prozesskettenanalyse und -optimierung: State of the Art – Ansatzpunkte und Anforderungen (S. 23-52); Die Neustrukturierung des Unternehmens- die 10 Schritte des Business Process Management (BPM) (S. 211-238); Business Units auf Grundlage von Geschäftsprozessen (S. 239-266), in Töpfer Armin (Hrsg.): Geschäftsprozesse - analysiert und optimiert, Luchterhand Verlag, Berlin **1996**
Traude, Heinrich	Leiter Admin & Finance, TUI interactive GmbH, diverse mündliche Auskünfte in **2003**
TUI 4U	Firmenportrait, **2003**. Am 16.06.2003, 12:49 Uhr von URL: http://www.tui4u.de/ueber_unternehmen.asp

TUI AG	Kurzportrait, **2003**. Am 18.08.2003, 13:26 Uhr von URL: http://www.tui.com/de/konzern/kurzportraet /index.html
TUI InfoTec	Homepage der TUI InfoTec, **2003**. Am 20.08.2003 13:39 Uhr, von URL: http://www.tui-infotec.de/
TUI interactive	Firmenportrait, **2003**. Am12.07.2003, 16:47 Uhr von URL: http://www.tui-deutschland.de/de/ unternehmen/eigenvertrieb/tui_interactive/index.html
TUI interactive Lagebericht	Lagebericht der TUI interactive GmbH für das Geschäftsjahr **2002**.
Unister	Geschäftsprozesse - Darstellungsmethoden - Zuordnung zu Aufgabenträgern, **2003**. Am 23.08.2003, 14:17 Uhr von URL: http://www.unister.de/Unister/ wissen/sf_lexikon /ausgabe_stichwort3631_95.html
Wall, Federike	Die Balanced Scorecard als modernes Instrument der strategischen Unternehmenssteuerung, in Reichmann, Thomas (Hrsg.): 15. Deutscher Controlling Congress – Tagungsband, Berlin **2000**, S. 205-221
Wall, Frederike/ Hirsch, Bernhard/ Attoprs, Johan	Umsetzung eines prozessbezogenen Controlling. Ergebnisse einer empirischen Untersuchung, in Horvath, Peter (Hrsg,): Controlling, Heft 4, Stuttgart **2000**, S. 243-250
Weymar, Florian	Strategische Unternehmensprozessgestaltung mit der Methode des Target Processing, Dissertation, Technische Universität Berlin, **2001**
Wiethoff, Hans	Der Gestaltungsfaktor „Internet" im Rahmen eines Business (Re)Engineering, in Wildemann, Horst (Hrsg.): Geschäftsprozessorganisation, TCW Transfer-Centrum-Verlag, München **1997**, S. 168-183

Wildemann, Horst   Defizite in der organisatorischen Gestaltung indirek-
                            ter Bereiche, in Wildemann, Horst (Hrsg.): Ge-
                            schäftsprozessorganisation, TCW Transfer-
                            Centrum-Verlag, München **1997**, S. 14-41

Wulfes, Frank   Ecommerce Competence Center, TUI interactive
                            GmbH, diverse mündliche Auskünfte in **2003**

Firmenregister

TUI interactive GmbH TUI interactive GmbH
Karl-Wiechert-Allee 23
D-30625 Hannover

Telefon: +49 (0)511 – 567 4011
Telefax: +49 (0)511 - 567 4030

Internet: www.tui-interactive.com
Internet: www.tui.de
E-Mail: tui@tui.de

TUI 4U GmbH TUI 4U GmbH
Otto-Lilienthal-Str. 17
28199 Bremen

Telefon: +49 (0)421 - 52 50 101
Telefax: +49 (0)421 - 52 50 287

Internet: www.tui4u.de
E-Mail: kontakt@tui4u.de

TUI AG TUI AG
Karl-Wiechert-Allee 4
D-30625 Hannover

Telefon +49 (0)511 – 566 00
Telefax +49 (0)511 - 566 1108

Internet: www.tui.com
E-Mail: info@tui.com

TUI InfoTec GmbH TUI InfoTec GmbH & Co.KG
Karl-Wiechert-Allee 4
30625 Hannover

Telefon: +49 (0)511 - 567 0
Telefax: +49 (0)511 – 567 13 01

Internet: www.tui-infotec.de
Internet: www.tui.de
E-Mail: tui@tui.de